A Prueba De Robo

El Arte de Escuchar la Voz de Dios

Wendy Selvig

Este libro está dedicado amorosamente a:

ERIK, CALEB, Y JOSÍAS.

Mis tres hijos increíbles!

Este libro es y siempre ha sido, escrito con ustedes en mente. Si te puedo enseñar a escuchar la voz del Señor en tu vida, habrá considerado mi caminata no tan perfecta como tu madre un éxito. Sé que Él caminará con usted a través de su vida, especialmente por caminos que no podré viajar contigo. Si oyes a Dios, no me preocuparé. Si lo escuchas, tu serás capaz de terminar bien la carrera. Los amo tanto chicos!

También, para mi esposo y mi compañero de vida increíble que me deja intercambiar ideas con él y que muchas veces cuido a los niños mientras me escape un par de horas para escribir. Erik gracias! Te amo!

Por último pero no menos importante, este libro pertenece a Él.

El único que nos conduce a través de esta aventura que llamamos vida. ¡ Gracias por hacerme A Prueba de Robo Jesus!

Contenido

Agradecimientos

Oral Granville Roberts fue el primero en hablar a mi vida acerca de escuchar la voz de Dios. Mientras asistía a la Universidad Oral Roberts podía escucharlo hablar en capilla y era conocido por desafiar a sus estudiantes a aprender a escuchar la voz de Dios. A cada clase que asistí escuché hablar de este tema y fue en esta universidad que la idea de aprender a escuchar la voz de Dios creció en mi. Muchos años más tarde tuve un sueño vívido e impactante donde Oral y muchos otros grandes hombres y mujeres de su generación de fe estaban sentados en la audiencia de un gran auditorio. Estaban observando ver qué haría la próxima generación. Me estaba preparando para ir al escenario y Oral me entregó una batuta y me dijo, "es tu turno, hemos terminado nuestra carrera." No presumo nada acerca de ese sueño excepto que es el turno de mi generación para enseñarle a la próxima a oír la voz de Dios, y eso es lo que voy a hacer en este libro.

Ted y Gayle Haggard son los padres espirituales de mi marido y yo. Primero escuchamos a Ted hablar como estudiantes universitarios en un servicio de la capilla en ORU en los años 90. Después de la graduación fuimos a Colorado Springs para ser parte de su iglesia. Si sabes la historia de Ted, es un verdadero cuento de gracia y redención que debe dar esperanza a cualquier persona que ha caído alguna vez destituidos de la gloria de Dios. No estaría donde estoy hoy sin la influencia y enseñanza del Pastor Ted y Gayle.

Pastor Ted fue el pastor fundador de la New Life Church en (Colorado Springs, Colorado), fundador y ex Presidente de la Asociación Nacional de evangélicos. Ted y Gayle hicieron crecer New Life Church de un pequeño grupo de gente reunida en su casa a una congregación de 14.000 miembros. En 2006, su mundo fue sacudido por el escándalo, y dejaron el liderazgo para obtener curación y restauración. Desde ese momento, Gayle y Ted han surgido de sus crisis con su fe, el matrimonio y la familia más fuerte que nunca por lo que experimentaron y aprendieron. Hoy en día llevan las discusiones de mesa redonda con líderes cristianos alrededor de la nación que se centran en la idea de restaurar las ideas clave del nuevo testamento a la reputación de la iglesia moderna. Ted y Gayle actualmente pastorean St. James Church en Colorado Springs. Gracias Pastor Ted y Gayle por enseñarme cómo vivir bien y cómo hacer las cosas en la vida dando paso. Es su sello de identidad. ¡Gracias!

Everett Daves es mi padre y el editor periodista más increíble que he conocido. Gracias a él crecí con un cuarto oscuro en nuestra casa, con lecciones de mecanografía a una temprana edad y de como aprender a escribir en mi adolescencia. No habría podido escribir este libro sin su ayuda y su habilidad para revisar y corregir los errores. Gracias papá!

Avance

De vez en cuando descubrimos a una persona cuya influencia en nuestras vidas es un regalo del cielo. Wendy Selvig ha demostrado ser esa persona para mí. Desde el momento que vi por primera vez, ella ha hablado palabras perspicaces, de afirmación y animo a mí que han resonado en los lugares más profundos de mi espíritu. Según ella, ella no puede evitarlo. El Espíritu de Dios habla con ella y ella sabe que cuando El lo hace.

En su libro, *Snatchproof, Wendy* comparte con nosotros lo que ha aprendido acerca de escuchar la voz de Dios. En sus páginas revela su sabiduría refinada como ella nos muestra no sólo cómo escuchar, pero también cómo responder con sabiduría y amor a los pensamientos y las inspiraciones del Espíritu de Dios dentro de nosotros.

He observado a Wendy como tranquilamente lleva a cabo lo que ella profesa. Lo hace de una manera más atractiva, práctica y sin prejuicios. Me inspira su vida vivida por medio de su ministerio y fe sincera y he sido uno de los muchos que han sido profundamente bendecidos por él. Al leer este libro, tú también serás.

-Gayle Haggard, es la autora del libro mejor vendido según el periódico New York Times, *Why I Stayed: the Choices I Made in my Darkest Hour,* y su más reciente libro, *Courageous Grace.* Es autor, oradora y esposa de Ted Haggard.

Wendy Selvig

Capítulo 1

SNATCHPROOF, A PRUEBA DE ROBO

"Mis ovejas oyen mi voz: yo las conozco y ellas me siguen. Yo les doy vida eterna, y nunca perecerán, ni nadie podrá arrebatármelas de la mano."

1. Juan 10:27-28

Dios habla

¿Dios es real? Si lo es, ¿le habla a la gente? Si es así, ¿cómo lo hace y por qué es tan difícil para las personas descubrirlo?

Cuando descubrí las respuestas a estas preguntas, mi mundo cambió para siempre. Hasta que fui a la Universidad, no recuerdo que me hayan enseñado antes a oír la voz de Dios. Y entonces cuando puse los principios que aprendí a prueba fue ahí donde realmente le oí hablar con claridad, cambió mi vida para siempre.

Fui a la Universidad Oral Roberts en los años 90 mientras Oral Roberts estaba aún vivo. El reverendo Roberts era un famoso por todo el mundo y a veces polémico tele evangelista Pentecostal y sanador que se remonta a la década de 1950 y 1960. Él era el rector de la Universidad cuando asistí y estaba en sus últimos años. Me siento privilegiada de haberle oído hablar varias veces.

Reverendo Roberts dijo a sus alumnos que si sólo aprendieron una cosa en la vida, necesitaba ser cómo escuchar la voz de Dios. Dijo que si tu aprendes esta habilidad, sería exitoso en cualquier campo que has estudiado, porque el espíritu de Dios sería capaz de guiarte hacia el éxito y lejos de los peligros. Tome su palabra de aprender a escuchar la voz de Dios y dentro de mí se agitó ese deseo por escucharlo.

Aprendí algunos métodos básicos para escuchar la voz de Dios de la enseñanza del reverendo Robert, y cuando empecé a oír más claramente a Dios, he aprendido más de el Espíritu Santo. En este libro, voy a ofrecerle los principios que utilizo para oír a Dios hablar en mi propia vida. Mi esperanza es que te ayude a escucharlo también.

Antes nos sumergimos en cómo escuchar su voz, vamos un poco de perspectiva en cuanto a *por qué* que tenemos que escucharlo. Vamos a ver algunas escrituras que nos dan una imagen sobre lo que está pasando realmente en esta vida.

1 Corintios 13:12 – "Ahora vemos de manera indirecta y velada, como en un espejo; pero entonces veremos cara a cara. Ahora conozco de manera imperfecta, pero entonces conoceré tal y como soy conocido."

Mis dos centavos rápidos: En nuestra existencia actual, nosotros estamos cegados a la verdad completa y es difícil ver el gran cuadro-¿qué está pasando realmente.

2 Corintios 5:7 – "Porque vivimos por fe, no por vista."

Mis dos centavos rápidos: Porque estamos cegados a la verdad, debemos aprender a confiar en que Dios saben más y ve mejor de lo que hacemos. Esto nos lleva a aprender a confiar que Él ya que tiene nuestros mejores intereses en su corazón.

Romanos 8:23-24 – " Y no sólo ella, sino también nosotros mismos, que tenemos las primicias del Espíritu, gemimos interiormente, mientras aguardamos nuestra adopción como hijos, es decir, la redención de nuestro cuerpo. "

Mis dos centavos rápidos: Nuestros cuerpos al parecer necesitan ser rescatados. Creo que la maldición que vino sobre la humanidad afecto nuestros cuerpos. Cuando Él regrese, las escrituras sugieren que nuestros cuerpos serán como el suyo (y como tenían que ser desde el principio): incorruptible, potente, espiritual, físico, eterno, no roto, bello y glorioso. (Ver: 1 Cor.: 42-22, 15:52-52, 15:35-38, 2 Col 5:1-5, Is 35:3-5, Col:9-11, Zac. 9:16-17, Mal 3:16-17, Sal 17:15).

Romanos 8:20-21 – "Porque fue sometida a la frustración. Esto no sucedió por su propia voluntad, sino por la del que así lo dispuso. Pero queda la firme esperanza de que la creación misma ha de ser liberada de la corrupción que la esclaviza, para así alcanzar la gloriosa libertad de los hijos de Dios."

Mis dos centavos rápidos : Toda la creación sufrió en la caída. Cuando la gloria de Dios vuelve a la tierra, todo en la creación será restaurada.

Lucas 12:7a – "Así mismo sucede con ustedes: aun los cabellos de su cabeza están contados."

Mis dos centavos rápidas: Esto significa que alguien lleva la cuenta!

Apocalipsis 20:12 - " Vi también a los muertos, grandes y pequeños, de pie delante del trono. Se abrieron unos libros, y luego otro, que es el libro de la vida. Los muertos fueron juzgados según lo que habían hecho, conforme a lo que estaba escrito en los libros."

Mis dos centavos rápidas: Es una escritura pesada pero muestra que se graban los detalles de nuestra vida. Otra vez, alguien lleva la cuenta.

1 Corintios 9:24 – 25 "¿No saben que en una carrera todos los corredores compiten, pero sólo uno obtiene el premio? Corran, pues, de tal modo que lo obtengan. Todos los deportistas se entrenan con mucha disciplina. Ellos lo hacen para obtener un premio que se echa a perder; nosotros, en cambio, por uno que dura para siempre."

Mis dos centavos rápidas: Allí esta el *propósito* de la vida y al final hay un premio o recompensa de algún tipo. Tenemos que aprender a correr esta carrera pues así ganamos el premio. No queremos correr sin rumbo fijo y no aprobar la prueba!

¿Te estas haciendo la idea de que hay algo sucediendo detrás de las escenas que no siempre vemos? Según las escrituras, no vemos claramente toda la imagen. En esencia, estamos caminando a ciegas. Todavía tenemos que encontrar una manera de ganar esta prueba de vida victoriosamente.

Hay una manera diseñada por Dios para ayudarnos a ganar. Es la manera que Él ha pretendido que caminemos desde el principio. Era la forma establecida en el jardín del Edén y se muestra con la idea de un caminar con Dios en la mañana aun cuando esta fresco. Es a través de la relación y la tutoría de Dios mismo. Es lo que siempre ha querido contigo y conmigo. Es, en mi opinión, *la gran lección* que debemos para aprender en la vida.

¿Qué mejor manera de ganar una carrera que tener un entrenador personal? Necesitamos a alguien que conozca las reglas, la pista y que sepa navegar y entrenarnos para que podamos participar en la carrera y ganar!

Se supone que Jesús es nuestro entrenador personal! Dios lo diseñó así. Él envió a su hijo y declaró que ninguna persona puede venir al padre excepto a través de Jesús. Su voz es la única que puede llevar y guiarte a través de las trampas de la vida. Él es el que quiere ayudarte a ganar la carrera. Te está apoyando y animando.

La vida es demasiado complicada como para vivir sin escuchar su voz. Trampas nos esperan. Pecado nos enreda. El miedo nos controla. Duda nos destruye. Caminamos alrededor a ciegas, tratando de hacerlo por nuestra cuenta y que de alguna manera podemos ir tropezándonos hacia un final victorioso. Simplemente no ocurre así.

Obstáculos como pecado, el miedo y la duda son colocados a

propósito para nosotros por un enemigo que no podemos ver. Juan 10:10 dice que " El ladrón no viene más que a robar, matar y destruir; yo he venido para que tengan vida, y la tengan en abundancia". Si el enemigo le gire lejos de y rechazar al pastor, es capaz de arrebatar le fuera de las manos de Dios. Esa es su meta final. Su guerra contra Dios y tú vas a ser la víctima.

Porque la guerra se lleva a cabo en un reino no se ve físicamente, y ocurre sobre todo en tu mente, este enemigo es capaz de causar ofensa y daño sin ser notado. Es capaz de esconderse detrás de lo que crees que son tus propios pensamientos. Puede manipularte y hacerte tropezar. Es decir, hasta que re das cuenta que el enemigo está allí y cómo suena su voz. (Me comprometo a enseñarte!)

En Juan 10: 27-28, Jesús dice "Mis ovejas oyen mi voz; yo las conozco y ellas me siguen. Yo les doy vida eterna, y nunca perecerán, ni nadie podrá arrebatármelas de la mano" La clave para ser "Snatchproof" o apruaba de robo es ser capaz de oír la voz de Dios. Entonces usted puede evitar todas las trampas porque Él te guía suavemente lejos de ellos.

Así que con eso en mente, vas a oír un argumento muy unilateral. Creo firmemente en la idea de un Dios inmanente, lo que significa que Dios está presente y trabaja íntimamente con las personas que viven sus vidas. Estoy 100% convencida, sin duda, que Dios es verdadero, enamorado de ti y quiere comunicarse contigo a diario. Quiero mostrarte cómo es su carácter y como es Él, para que tengas una buena oportunidad en la vida para caminar victoriosamente, saber quién eres: un hijo amado de Dios.

También quiero mostrarte cómo evitar que parezcas como

uno de esos *locos* que dicen ellos oír algo de Dios pero en realidad no fue nada. Espero que te enseñe a saber si es Dios hablando y si debes decírselo a alguien o mantener la palabra de Dios en silencio solo para ti.

En las escrituras, Jesús dice que "mis ovejas oyen mi voz y me conocen". Jesús promete que si pones tu confianza en Él, tendrás vida eterna. Es tan sencillo como decir una oración a Dios, "Acepto tu regalo. Confiaré en ti." Cuando aceptas ese regalo, estás empezando un viaje de aprender quien es Jesús y lo que ha prometido para ti. Su regalo te redime de ese estado de separación entre tu y Él. Te sella con su Espíritu, y Él promete aconsejarte. Jesús dijo que si le perteneces a él, tu podrás escuchar su voz. Este libro está diseñado para ayudarte a ver lo que realmente significa.

Dios te ama. Él quiere estar involucrado en su vida. Tiene un propósito y un plan para tu vida si tan sólo tuvieses fe para recibirlo. ¿Qué pruebas tengo para esta declaración? Como decimos en nuestra iglesia, "Yo soy la prueba viviente!" De hecho, tengo una relación con Jesús. Está más cerca que cualquier ser hermano. Él me habla. Está involucrado en los detalles de mi vida. Me dice cosas que no podía saber por mi cuenta. Me advierte de los peligros. Él me ha hablado en el silencio.

Escuchando su voz me ha permitido ir más profundo espiritualmente de lo que nunca creí posible. Cuando la oscuridad parecía que me rodeaba, Él me habló cosas amorosas a mí como, "mi hija dulce, te amo. No te abandonaré. Confía en mí y veras que los caminos torcidos se hacen rectos." Cuando estaba buscando dirección hacia donde ir con mi vida en el area profesional, me dijo que el camino era el mejor. Cuando mi esposo y yo estábamos tratando de decidir comprar la casa, Él me habló y me dijo que sí, "Vamos adelante" nuestra casa esta en un lugar lleno de paz y el Espíritu de Dios esta presente allí. Cuando me enfrenté a un período de infertilidad, me habló palabras de consuelo y fe diciendo, "sé exactamente quiénes van a ser sus hijos y cuando ellos llegaran a tu familia. No temas." En momentos en que la vida ha sido abrumadora y me encuentro buscando a Dios para mayor comodidad, he oído cosas que me susurra que me llevaron a sentir paz y seguridad. Verdaderamente es un pastor que nos lleva por aguas tranquilas. Él verdaderamente fortalece y consuela y nos conduce si lo dejaremos.

Ha habido ocasiones cuando Dios ha hablado conmigo y me contó detalles profundos sobre otra persona que no podía saber por mi cuenta. Esos tiempos sirven un propósito y voy a compartir algunas de esas historias dentro de estas páginas.

Realmente el escuchar su voz es más que la imaginación. Y, lo que es verdaderamente especial es que me considero una persona normal. Si pude aprender a escucharlo, puedes aprender a escucharlo tu también!

Él quiere este tipo de relación contigo. Quiere conducirte suavemente y guiarte a través de los momentos difíciles de la vida para que no te tropiezas. Él quiere llevarte al lado de aguas tranquilas y ayudarte a encontrar lugares para descansar cuando la vida parece cansada. Él quiere que seas capaz de escuchar su voz para que te sientas seguro de corazón de que Él es real y que Él te ve y conoce. Y él quiere que seas A Prueba De Robo! ¿Cómo sé que esto es así? Déjame enseñarte!

Capítulo 2

MANERAS QUE LE OÍMOS

" Mis ovejas oyen mi voz: yo las conozco y ellas me siguen"
-Juan 10:27

Dios es un comunicador. Es un creador y un artista. Se puede expresar de muchas maneras. ¿La pregunta no es tanto cómo nos va a hablar, sino es en qué maneras podemos escucharlo?

Me parece interesante como diferentes tipos de personalidad parecen escucharlo de diferentes maneras. Una persona artística puede oírlo bien a través de símbolos y visiones mientras alguien que valora el orden y organización podrá escuchar más de Él a través de la lectura de su palabra.

Tu personalidad puede influir en las formas naturales en las que te estas posicionando para escuchar la voz de Dios , y de qué manera estas abierto a escucharlo hablar.

Habla a través de su palabra

Dios nos dio la Biblia, su palabra inspirada, específicamente para guiarnos través de esta vida. Sin importar hacia donde nos dirijamos, debemos aprender a conocerlo a través de su palabra. Hebreos 4:12 nos dice que la palabra de Dios es viva y eficaz. Es más cortante que toda espada de dos filo. Penetra hasta dividir el alma y espíritu, articulaciones y médula ósea; juzga los pensamientos y actitudes del corazón. Dios ha hablado a lo largo de las edades a muchos autores que escribieron lo que Él les dijo que escribir y sin embargo, parece como si hubiera sólo un escritor. Esta colección de libros se extiende por miles de años todavía sigue siendo pertinente hoy en día.

Como he aprendido a escuchar a Dios hablar conmigo a través de vías que no sean de la Biblia, encontré que era necesario comparar las nuevas experiencias a la palabra de Dios. Como dice hebreos, que juzga los pensamientos y actitudes del corazón. Cuando estás tratando de decidir que si Dios es el que está hablando, se compara la experiencia con su palabra y si no coincide, no es de él.

Dios promete el cielo y la tierra pasarán pero su palabra no. Eso significa no va a cambiar su opinión sobre lo que ha dicho y no va a darnos información fuera de su palabra que cambia algo ya escrito allí.

Quien pretenda añadir a la palabra de Dios o quitar está en peligro eterno. Esto se menciona en el último libro de la Biblia, Apocalipsis. No seas tentado a pensar que Dios te diría una nueva revelación que no se alinean con las escrituras. Si crees eso, te garantizo que no es la voz de Dios la que estás escuchando.

Al leer la Biblia, hay momentos cuando Dios le hablará a través de ella. ¿Has alguna vez leído algo y sentiste como si las palabras resaltaran de la página hacia tu corazón? Este es el Espíritu Santo iluminando la palabra. Él enciende un pasaje para hablarte de ello. Sabes que esto pasa cuando lo que has leído se vuelve personal.

Cuando un pasaje resalta de la página y te atrae , es mi experiencia que es el Espíritu Santo que te esta enganchando y tratando de comunicarse contigo.

La Biblia es un libro único. Fue escrito por más de 40 personas con diferentes estilos de vida. Reyes y pescadores, poetas y campesinos todos tuvieron su aporte a la hora de escribirlo. Fue escrito en distintos lugares y momentos diferentes y en muchos estados de ánimo diferentes. Incluso fue escrito en diferentes continentes e idiomas. Sin embargo, detrás de las voces de los hombres que escribieron los libros individuales, esta la única voz de Dios que inspiraron las palabras. Él pregona su existencia por el mundo con muchos hombres en muchas circunstancias para crear un libro que se lee como si tuviera solo un autor, y eso es exactamente lo que tiene. En vez de elegir una sola persona para darle la inspiración del libro, demostró que no importaba que era el escritor y que aun así era capaz de darnos un libro sobrenatural a través de muchos escritores diferentes. Hay una razón que la Biblia es el número uno en ventas de libros de todos los tiempos!

Habla a través de la paz y malestar

"Porque nos ha nacido un niño, se nos ha concedido un hijo; la soberanía reposará sobre sus hombros, y se le darán estos nombres: Consejero admirable, Dios fuerte, Padre eterno, *Príncipe de paz*."- Isaías 9:6 (itálicas mías).

Cuando pregunto a la gente cómo Dios los quía o les habla, una de las respuestas comunes que he oído es que se dejan llevar por la paz que sienten en sus corazones.

La voz de Dios trae paz. Dice Salmo 85:8, " Voy a escuchar lo que Dios el SEÑOR dice: él promete paz a su pueblo y a sus fieles, siempre y cuando no se vuelvan a la necedad."

Cada vez que oigo una *voz* o tengo un pensamiento que trae temor, ansiedad, inquietud, es seguro decir que no viene de Dios. Sin embargo, eso no quiere decir que Dios no puede advertirle si usted está caminando por un sendero que está poniendo en peligro su vida. Si usted cree en Jesús y confiar en él, el Espíritu Santo está dentro de ti. Si vas por el camino equivocado, trabaja ponerte dificultades sobre el camino. Asimismo, si están pidiendo dirección y no sientes ninguna resistencia en tu corazón, pero en cambio ste sientes muy tranquilo al respecto, entonces el Espíritu Santo te está dejando proceder.

He aprendido que cuando tengo paz en mi corazón hacia algo, Dios están de acuerdo. Cuando Él intenta dirigirme en otra dirección, cuando lo busco a Él no siento paz acerca de hacia donde yo me estoy dirigiendo.

En mis primeros años de colegio, saliendo con un hombre joven por varios años. Él era atractivo, tenía un buen corazón y era alguien que buscaba la voluntad de Dios para su vida. Me gustaba mucho y quería que las cosas funcionaran entre nosotros. Pero cuando oré acerca de eso no tenia paz en mi corazón. El tampoco no sentía paz. Una vez me dijo que sentía que estaba sentado junto a la esposa de otro hombre. No importaba cuán duro trataba de ignorar esa sensación de malestar, nunca desaparecía. Sólo puedo suponer que no éramos el uno para el otro. Ambos habíamos sometido nuestra búsqueda de la persona adecuada a nuestro pastor que nos guiaba a través de la falta de paz en nuestros corazones.

Cuando comencé a salir con mi marido Erik, no sólo me hizo enamorarme perdidamente de él, por primera vez en mi vida tuve paz absoluta acerca de la relación. Eso fue una sensación extraña que nunca había experimentado antes en lo que respecta a salir con hombres. Me quedé impresionado por la paz que sentía cuando estaba con él.

Otro ejemplo de esto es cuando trabaje para un Ministerio. Estuve tentada a buscar otro trabajo porque la posición del Ministerio que tenia no paga mucho dinero. Estuve orando acerca de dejar el trabajo y no me sentía tranquila a respecto. Cuando pensaba en quedarme donde estaba, me sentí mejor. No había ningún malestar. Sabía que por ese tiempo, Dios diciendo que me quedara donde estaba. Me di cuenta por la paz en mi corazón lo que tenía que para hacer.

Larry Williamson, un pastor de una iglesia en St. Louis, Mo. escribe sobre una época donde la paz de Dios probablemente le salvó la vida:

"Cuando era el evangelista líder para nuestra iglesia, llevamos nuestro equipo a ministrar a las calles en el centro de la ciudad de St. Louis. Nos reuníamos los sábados por la noche y el equipo se reunía para orar primero antes de salir. Mientras estábamos orando un sábado seguía sintiendo la necesidad de permanecer ahí y solo orar. Cuando le dije al equipo que solo íbamos a orar sentí mucha paz.

Tres días más tarde me enteré que exactamente donde íbamos a estar yendo con nuestro ministerio , cuatro personas habían sido asesinadas la misma noche y el lugar que íbamos a ir. Supimos entonces que Dios nos habían guardado para nuestra protección. Si no fuera por su voz de paz que nos guia, habriamos estado allí. Siempre le doy gracias a Dios por su voz constantemente hablandome."

Otro amiga de la Universidad escribió acerca de su decisión de casarse con su esposo Steve. Sarah escribe: "me gradué de la Universidad con una licenciatura en misiones y Steve y yo habíamos sido amigos muy cercanos durante nueve años. Amábamos mucho al Señor y habíamos empezado a mirar el uno al otro como algo más que amigos, pero no quería enamorarme de un tipo que no tenia un corazón para las misiones. Sólo había completado su maestría en ingeniería.

"Me dirigía a la India durante dos meses, y decidimos que oraríamos de ello durante el tiempo que me había ido.

"Mientras estaba en la India, Steve fue a donde una de las madres en fe que tanto conocíamos y le dijo que se sentía que se estaba enamorando de mi y que Dios habían estado moviendo su corazón hacia las misiones en los últimos meses pero que tenía miedo a decirme, por temor a que creyera que estaba tratando de manipular la situación.

"Lo gracioso es que yo había ido a la misma dulce madre

en fe y le dije que me estaba enamorando de Steve pero mi duda era que no tenía un corazón para las misiones. Entonces, me fui a la India pidiéndole a Dios que me enseñara. Pero todo lo que sentí, en esos dos meses, fue simplemente paz, que aunque no tenía sentido en mi opinión, tenia sentido en mi espíritu que Dios nos habían reunido para trabajar en los detalles y para usarnos justos para llevar a cabo su voluntad.

"Entonces, llego a casa de la India, y Steve procede a decirme que el Señor en realidad había estado moviendo su corazón hacia las misiones por un tiempo, y que pensó que debíamos seguir adelante con nuestra relación y planear dirigirnos hacia un matrimonio. Steve se sorprendió cuando simplemente acepte y dije, "OK."

"Nos comprometimos meses más tarde y estábamos casados nueve meses después de eso. Y, aquí estamos trece años más tarde, después de haber servido en el extranjero por un año, hecho una serie de viajes de corto plazo, trabajó con agencias de misiones y aún activamente viven y persiguen la llamada de Dios y la participación de nosotros, en las misiones. "

Habla a través de otras personas

Una de las maneras que Dios habla es a través de otras personas. Puede usar otras personas para hablar directamente con una palabra profética o puede usarlos indirectamente sin ellos saberlo.

He tenido momentos donde alguien se me acercó y dijo:

"El señor quiere que usted sepa..." y procede a darme el mensaje. Sin duda atrae mi atención como cualquier otro, pero esos tiempos no son los normales ni la forma habitual que Dios me habla a través de personas.

A menudo cuando estoy orando y necesito una respuesta, Dios usa gente para traer las respuestas sin que ellos sepan que Dios los está utilizando. Por ejemplo, si estoy orando por salud para uno de mis hijos y entonces oí que un amigo durante la semana hablar sobre un suplemento que trata ese tema específico, el amigo no tiene ni idea he estado pidiendo por esa respuesta y sin embargo Dios los ha traído a cruzarse en mi camino.

Cuando estaba embarazada de nuestro segundo hijo Caleb, Erik y yo tuvimos un momento difícil para elegir un nombre para él. Cada nombre que elegía con mi marido no le gustaba fuertemente. Esto duró de seis a siete meses del embarazo.

Oré y le pedí a Dios que nombrara nuestro hijo. Le pedí que escogiera un nombre que sería una bendición para el niño y que sería el nombre correcto para él. Yo sabía que Dios ya conocía a mi hijo y Él entendía su futuro. Dios tenia el nombre correcto para el. Cuando le pregunté, oí una voz tranquila aún en mi mente (un pensamiento) que decía, "Caleb".

¿Pensé, "eres realmente tu Señor? Dijiste Caleb?" Y yo estaba bastante segura de que lo había oído. Pero este era un nombre. Esto era algo que afectara a este niño por el resto de su vida. Tenía que saber absolutamente sin duda alguna que Dios habían dicho esto.

Así que le pedí una segunda confirmación. La primera

prueba sería que cuando le dijera a Erik el nombre, tenía que encantarle. No quería ningún comentario como "eso podría funcionar". Tenía que ser una apasionada respuesta de él. Segundo y ésta era la verdadera prueba, alguien que de la nada me dijera el nombre que me quería. Era mi prueba específica.

"Señor, que alguien al azar me sugiera este nombre".

Algunos dirían que no debería de haber puesto Dios a prueba como esta vez, pero estaba tan desesperada por saber si esta era la obra de Dios o no. Y no sé si fue justo pedirle a Dios que respondiera de esta manera, pero yo tenía fe de que lo haría, y lo hizo.

Esa noche le dije tímidamente a Erik, "acerca del nombre Caleb?" Nunca olvidaré la mirada en su cara. Movió un poco la cabeza y pensó , Con una sonrisa dijo, "me encanta!"

"En serio?" Recuerden, a este hombre no le había gustado un solo nombre había sugerido en los pasados siete meses.

Con una sonrisa de oreja a oreja dijo: "Sí, realmente me encanta! Eso es! Ese es el nombre!" Mi fe comenzó a levantarse cuando la primera de mis pruebas fue contestada por Dios.

Entonces, al día siguiente mi cuñada llamó a conversar. Ella no estaba casada, no tenia hijos y la conversación parecía fuera de lo común para mí. Ahora de repente me dice, "si tuviera un bebé ahora, lo llamaría Caleb. Es mi nombre favorito".

Estaba absolutamente asombrada! Dios hizo exactamente las dos cosas que yo le había pedido para saber con certeza que había Él me hablado. Y lo hizo con estilo. Si hubiese tenido esa conversación con mi cuñada un mes más tarde, no habría tenido el mismo efecto como lo hizo ser al día siguiente después de mi oración. Dios usó a mi cuñada para confirmar algo que había hablado y no era ni siquiera consciente de ello.

Esa es mi experiencia con Dios hablándonos a través de otras personas. A menudo no saben que lo que han dicho significa algo para usted, pero aun así lo hace y es personal y es entre tú y Dios. Él es así. Él es personal. Él te ama, te ve y se comunica a un nivel personal.

Habla a través de Circunstancias, Momentos Casuales y Patrones Reconocibles.

Si eres de mentalidad científica, este método de escuchar a Dios puede ser más fácil de entender que otros. Este método en realidad se le ha dado un nombre por los científicos. Se llama interface del diseño y se utiliza para reconocer patrones inteligentes en la naturaleza donde no debería haber ninguna.

La idea de inferencia del diseño, en términos más generales, es que podemos distinguir entre los acontecimientos que son causados por inteligencia y sin señas de causas naturales. Inferencia revela causas inteligentes (es decir, Dios) mediante el reconocimiento de diseño especificada eventos de probabilidad pequeña. Casi cualquier cosa que suceda es altamente improbable, pero cuando se especifica también un evento altamente improbable (se ajusta a un patrón), causas naturales sin señas pierden su poder explicativo. En otras palabras, podemos ver trabajar cuando utiliza algo ordinario en nuestras vidas y crea un patrón precarias fuera Dios.

Un ejemplo es el Monte Rushmore. Puedes ver en cualquiera de las colinas de Dakota del sur y ver patrones resistidos excavados en la roca, pero cuando nos fijamos en el Monte Rushmore, ves diseños que coincidan con un patrón reconocible.Puede reconoce los rostros de los cuatro presidentes famosos y esas caras es allí por su diseño, no por casualidad. Cuando nos fijamos en el Monte Rushmore, vemos una indicación de inteligencia que no es puesto allí por el viento, la lluvia y elementos. La escultura de las caras reconocibles indica inteligencia.

Me gustaría aplicar esta misma inferencia del diseño a la idea de escuchar de Dios. Cuando las cosas comienzan saltando a ti en tu vida y empiezas a reconocer un patrón en lo que normalmente sería los acontecimientos al azar de la vida, es una indicación de que Dios quiere que te des cuenta que algo es diferente. Es entonces que preguntarse, "¿Qué Dios trata a hablarme sobre?"

Que me recuerda una experiencia muy personal con Dios que implican los búhos. Riesgo de sonar un poco loco por decirte esto, pero es un ejemplo perfecto de cómo el señor puede hablar a través de los patrones.

En primer lugar, antes de este día de la *lechuza* , nunca había notado los búhos. Aparte de Winnie the Pooh o blanco como la nieve en un bosque de miedo, ¿quién? Ellos parecen inteligentes, generalmente aparecen de la noche y sus sonidos de llamada que sólo quieren saber quién está ahí. Pero en mi vida cotidiana, simplemente no los encuentren muy a menudo.

Todo comenzó cuando mi hijo llegó de la escuela y manos me un búho esculpido.

"Hizo esto en la escuela, cariño?"

"Sí", dijo, todo sonrisas.

"Muchas gracias! Has hecho un trabajo increíble". Lo puse en mi escritorio, mostrando con orgullo su obra.

Esa tarde, mientras estaba tratando de ayudar a mi hijo más joven a encontrar su caricatura favorita, vi un trailer de "leyenda de los guardianes: los búhos de Ga'Hoole."

No es gran cosa y tipo de azar, pero mi cerebro hizo una conexión. No pensé mucho de él.

Entonces, cuando estaba revisando mi correo diario, me encontré una tarjeta de felicitación de un amigo. Esto, también tenía un búho como parte de la imagen. Todas las tres apariciones eran al azar y todavía no estaba pensando que Dios me estaba hablando pero mi cerebro recoger en el patrón de los buhos apareciendo en mi día.

Pero todo esto no fue nada comparado con lo que pasó esa noche. Apagó las luces y metió en la cama, oí un sonido extraño viniendo de mi ventana. Como mi cerebro procesa el sonido y se dio cuenta de lo que era, me hizo una toma doble y miré a la ventana para ver una lechuza, sentado a mi derecha techo bajo mi ventana, mirando y ulular de mí como si quiere me sale un mensaje.

Aquí estaba un patrón indiscutible con un final

dramático. Dios querían decirme algo.

Aunque no puedo probar nada, excepto la evidencia circunstancial, soy consciente de que algo era diferente y se refirió a los búhos. Esto puede sonar loco a alguien que nunca ha experimentado Dios hablando así, pero este patrón que me llevó a tomar nota.

En esta situación llamé a mi hermano que me gustaría hablar con este tipo de cosas. Mi hermano era un pastor desde hace 20 años y es muy sensible a la audiencia el señor hablar con él.

Él dijo, "eso es genial que estés viendo los buhos. Mucha gente que conozco que caminar en el profético están viendo últimamente búhos. De hecho, estaba en una conferencia donde hubo una gran discusión sobre él y lo que significa. Se habla que Dios nos habla acerca de los buhos porque los búhos se llaman el águila de la noche. Los búhos pueden ver claramente en la oscuridad y América parece ser sumiendo en la oscuridad ahora. Si usted esta viendo los búhos, se puede ver en la oscuridad y que puede demoler su presa sin problemas. De hecho, la comida favorita de la lechuza es serpiente."

Me encanta la idea de destruir la obra del enemigo! Había estado orando acerca de algunas cosas y pidiendo a Dios sobre este libro con el propósito de ayudar a la gente a ver en la oscuridad por aprender a escuchar su voz. Su respuesta tan distintivo era él, lleno de creatividad y tenía un factor wow que me ayudó a saber fue realmente de él. Fue una confirmación para mí que debería seguir adelante y escribir este libro!

Porque sé que Dios habla de esta manera, he aprendido a

sentarse y tomar nota cuando emerge un patrón donde no debería haber uno. Cuando este tipo de cosas sucede, pregúntale a revelar el mensaje o lo que está tratando de hablar con usted acerca de. Generalmente dentro de un día o dos, ya tengo la respuesta, y he aprendido algo increíble de Dios. Otra vez me recuerda lo involucrado está en los detalles de mi vida y es magnífico.

Aquí está un ejemplo hipotético de cómo Dios pueden hablar con usted de esta manera. Tal vez te estás preguntando si deberías encontrar un nuevo empleo. Ruegue a Dios por sabiduría y dirección y para ayudarle a saber si debe cambiar su vocación. Luego en el transcurso de la próxima semana las siguientes cosas comienzan a ocurrir:

Cada vez que encienda la radio escuchas un comercial para un servicio de búsqueda de trabajo en línea. Entonces, un amigo le pide de repente si te vas a quedar con su empleo actual o no. Escucha una canción en la radio que tiene la línea, "conseguir un trabajo." Su madre llama y pregunta si alguna vez has considerado otra vocación. Tu jefe te permite saber que durante el próximo año reducción de tamaño.

Todas estas cosas por sí mismos significan poco, pero cuando empiezan a acumular, empiezas a tomar nota. A veces estas cosas podrían ser coincidencias, pero si eres consciente de que el patrón de desarrollo, podría tener su atención. Tal vez sea tiempo de orar por él y pedirle que revelan lo que está mostrando, si te demuestra algo.

Mi querido amigo Cha (pronunciado "Shay"), quien era un amigo capellán en la Universidad, me escribió acerca de cómo ella

Oye a Dios a través de estos patrones de vida y los "momentos de coincidencia". llama

"He estado pensando mucho sobre cómo escucho a Dios y si lo escucho en todo. Lo que sé es que tengo experiencias diarias que tengo que hablar con Dios y quiero oír qué hacer o qué siguiente paso a tomar. Tienen sin embargo oír una voz audible Dime qué calle para pasear, esquina a turno o ruta a tomar. Pero suceden cosas extrañas como tomar el siguiente paso que parece delante de mí; serendipidad cosas comienzan a ocurrir.

"Ver la cartelera, cuando estoy volviendo a casa del trabajo que me lleva a ese mismo sobre que he estado rezando. O bien, conozco a esa persona que me presenta a un suplemento que aborda un problema de salud que he puesto delante de Dios por algún tiempo.

En el éter de la vida, como caminar, orar y hablar con Dios... como intento ser todo lo soñó y lo que quiere ser, lo veo desplegar su voz en el movimiento de mis días. Verás, con gran delicadeza que me habla Dios en el movimiento mágico de la vida. Solía estar enojado que no lo oí. Yo solía orar y tratar de invocar el Dios del antiguo testamento que habla a la gente en una voz de trueno en cimas montañosas. Uso para hacer todo esto hasta que me di cuenta de que vi su voz. Mi vida refleja las conversaciones que tengo con Dios. Hace que mi vida parezca lo que conversamos sobre todo el tiempo... Sí, la voz de Dios fortuita. "

Habla a través de símbolos

"Grande es nuestro Señor y poderoso en potencia; Su entendimiento no tiene límite." (Salmos 147:5)

Dios usa símbolos de toda la Biblia. Yo diría que los símbolos no son es ajeno a la lengua de Dios. Intenta leer revelación sin considerar símbolos y que estaría en un mundo de dolor. No sé que muchas personas que han escuchado Dios habla a través de símbolos, pero conozco a algunos.

Creo que este es un camino viable que habla. Es un amigo íntimo que nos conoce tan bien que puede usar un símbolo como un mensaje o comunicación. La clave para entender este método de comunicación de Dios es primera que todo, reconocer que es posible. Si usted reconoce y está abierto a él, él puede optar por hablar sabiendo que lo recibirá.

Un hombre que sé quién escucha a Dios de esta manera es una persona creativa. Es un músico, comercializador y artista. Una de las maneras que Dios pone su atención es mediante el símbolo de un águila. Es como si él y Dios tienen un poco dentro de comprensión. Cuando las águilas comienzan a aparecer, ajusta al atención porque sabe que Dios está tratando de hacerle ver algo.

Cuando un amigo está buscando la dirección, el señor tiene águilas aparecen en su vida. No lo creería si no lo hubiera visto yo mismo. Aparecen a veces real, otras veces que ha hecho una escultura del águila entregada inesperadamente de un amigo o una tarjeta en el correo con un águila en él. Sigue apareciendo cuando está buscando confirmación de parte del señor.

Una vez que quería comprar una casa. Había visto en muchos lugares y se preguntaba cuál era la razón. Fue a la casa pensó sería como si estuviera rezando, un águila calva vino y aterrizó en el cable de teléfono fuera de la casa. Esto estaba en medio de una gran ciudad. No es un lugar común para las águilas pasar el rato. Significaba algo a este hombre, pero para una persona no busca símbolos, que no significa nada.

Otro amigo, Floyd, tenía esta historia para compartir:

"A veces me habla en las cosas simples. Hace unos meses estaba empezando mi relación con mi novia. Era un sábado, y mi hijo y yo íbamos a la iglesia. Como iba en la carretera, miro hacia atrás para combinar en tráfico y vi en su auto hacia mí. Me impresionó el simbolismo de él. Era como si Dios le estaba diciendo que nos iba a traer juntos."

¿Por qué usaría Dios simbolismo hablar con alguien? Lo hizo en la Biblia todo el tiempo. Además, piensa en una persona que es un artista, que piensa en símbolos, que reconoce las coincidencias más que la circunstancia. Dios hizo esa persona, y Dios sabe su idioma. Él sabe cómo comunicarse con esa persona de la mejor manera y no es demasiado estricto para hacerlo. Dios es salvaje, apasionado y enamorado. Podrá llegar a comunicarse sin embargo puede. Algunas denominaciones se va a declarar que la Biblia es la única comunicación que Dios nos ha dado, y justifican que diciendo: "es suficiente." Creen que no será necesario oír a Dios hablar de cualquier otra manera.

Sin embargo desafiaría a esta manera de pensar. En primer lugar, no hay ninguna escritura que indica que Dios no nos hablan fuera de la Biblia. Por el contrario, nos ha llenado con el Espíritu Santo. Es una forma viviente que lleva y nos guía.Sí, él nos guía a través de su palabra. Absolutamente. Y, ya lo he dicho se debe comparar cada palabra y pensamiento a la escritura para hacerlo cierto es cierto.

¿Pero nos estamos limitados sólo al libro?

Dios históricamente ha trabajado en diferentes maneras con diferentes personas. Según 1 Corintios 12:11 el Espíritu Santo da capacidades diferentes para diferentes personas. Obviamente trabaja con nosotros de diferentes maneras.

Ahora muchas personas que no son creativos, no son artistas y no aprecian símbolos no podrían nunca busca un símbolo del señor. Y si vieron un águila cuando orando acerca de algo, nunca harían la conexión que el señor, el gran artista de todos los artistas, puede hablar a una persona de esa manera. Así que tal vez el señor no me molestaría hablando con esa persona a través de un símbolo. Eso no es un golpe a esa persona; justo es decir que Dios hablará con una persona diferente a otro. No es favoritismo por parte de Dios, es sólo que creo que quiere hablar con usted la forma en recibirá el mejor. Entonces, tu trabajo es averiguar la mejor manera puede oír o acepta le habla a usted y luego busque que lo haga.

Habla a través de visiones

"En los últimos días, dice Dios, derramaré mi espíritu sobre toda la gente. Sus hijos e hijas a profetizar, vuestros jóvenes verán visiones, vuestros viejos soñarán sueños."– hechos 2:17

Es otra manera que Dios habla a través de visiones. Esto podría ser un tema sensible para algunas personas porque algunas denominaciones creen que Dios ya no habla de esta manera. tengo amigos que creen que este tipo de cosas se extinguieron con los últimos apóstoles. He escuchado el argumento, pero para la persona que ha había una visión y lo digo en el amor, las moscas argumento por la ventana.

Una visión es algo difícil de describir a alguien que nunca ha tenido una. Creo que hay diferentes niveles de visiones de un completo a *abrir la visión* de donde usted está allí en medio de una experiencia al más común *mente tipo* de visión.

Un cuadro es digno de un mil palabras.

La mejor manera que sé cómo describir el tipo de *ojo de la mente* de una visión es que es como un recuerdo. Piensa por un momento de una mañana de Navidad desde su infancia. ¿Recuerdas el ventanal donde tus padres siempre estableció el árbol de Navidad? O tal vez fue en la esquina junto a la chimenea. ¿Qué llevabas? ¿Pijama footie nuevo o un suéter favorito con zapatillas mullidas? ¿Qué aspecto tenía los muebles? ¿Cómodo y fresco o viejo y harapiento? Y los olores. ¿Hueles el jamón en el horno, o el aroma de pino llenando el aire de un árbol recién cortado? Estos son todos los datos que no tienes que trabajar duro para recordar. Están allí cuando abres la memoria. Puede cerrar los ojos y mirar alrededor para ver los detalles de la habitación.

En casa de mi madre mientras estaba creciendo, teníamos un sofá de polvo marrón (ésta era la década de 1980) que fue la cosa más suave que te has sentado sobre. Me imagino el tacto y el olor de ese sofá en un instante al recordar.

Una visión para muchas personas es como un recuerdo. No tienes que trabajar para crear los detalles; están allí en tu mente. Es como mirar una memoria, no es un recuerdo, es toda la información nueva. Es algo que Dios quiere comunicar a usted personalmente.

La primera vez que recuerdo haber tenido una visión fue en un viaje de misiones a Uganda, África. Estuve allí con un grupo de mi universidad por dos meses. Viajamos a muchos pueblos y ciudades y reuniones. Predicamos las buenas nuevas de salvación a través de Jesús. Hemos visto muchos milagros suceder.

Varias horas antes de una de las reuniones de la tienda estaba orando y vi una imagen clara y vívida en mi mente de una mujer africana. Ella estaba mirando a través de un álbum de fotos y todas las fotografías fueron blanco y negro. Como volvió las páginas empezaron a convertir en fotos a color. Creía que el Señor me mostraba que habría una mujer daltónica que iba ser sanada esa noche.

Más tarde, cuando el servicio terminó sobre, llevó a cabo una llamada de altar. Yo se acercó al micrófono e invitó a seguir adelante que necesitaban ser sanados en su cuerpo. Entonces le pregunté si había quien era daltónico. Una de las mujeres en el altar había levantado su mano. Oramos por ella y ella fue sanada instantáneamente. Saltó hacia arriba y hacia abajo en emoción como exclamó a la multitud que se veía con nuevos colores. Podía ver color por primera vez!

Nuestro líder me dijo más tarde que pensó que estaba loco cuando le pregunté si alguien era daltónico. Esta verdadera visión de Dios nos ayudó a ministro con eficacia. Y me alegró saber que no había ido hasta el fondo!

Ahora *abra visiones* son un poco diferentes. Una tía mía experimentó una visión abierta. Esta es su historia:

"Tuvimos una visita en nuestra iglesia que corría por una oficina local. Ella estaba sentado unas filas delante de mí y seguía viendo a un parpadeo que causaría que mira a su espalda. Se levantó durante parte del servicio y pasó al frente para tener el pastor orar por ella.

Cuando se levantaba, lo vi. Un ángel gigante se cernía por encima y detrás de ella. Sus enormes alas extendió para protegerla. Como el pastor oró por ella, el ángel miró a mi manera. Sus ojos se grabe en mí como él le envolvió en sus alas. Podía sentir la protección que le ofreció.

Semanas más tarde, la elección terminó y no ganó. En mi mente, sabía que Dios habían contestado su oración – tal vez no de la manera que ella quería, pero de una manera que le protege de cualquier daño."

Le pregunté a mi tía sobre esta visión para aclarar qué tipo de visión era. Ella respondió: "el ángel estaba físicamente allí en cuanto estaba preocupado. Sentí que podría levantarse y tocarlo. Una vez me miró y me sentí tanta paz. Conozco la diferencia de las visiones que está hablando. El Ángel era real, donde otras veces que veo una visión en el ojo de la mente. Era sólido y grande y una presencia real. Cómo me gustaría que pude ver a ese ángel otra vez!"

Habla a través de sueños

Leo era un muchacho de 17 años de edad de China que se quedó con la familia durante tres años mientras asistía a la escuela secundaria en los Estados Unidos como un estudiante de intercambio. Cuando vino a vivir con nosotros era un budista profesante.

Aunque los cristianos, lo hicimos claro a Leo no necesitaba ser un cristiano a vivir con nosotros. Él prefirió ir a una escuela cristiana por su cuenta antes de que nos encontramos, porque reconoció un vacío espiritual en su cultura. En China hay restricciones apretadas en la religión organizada. Cuando lo llevé a matricularse en su escuela secundaria, preguntó si fue requerido para ser un cristiano a ir allí. Absolutamente no, le dije que estaba libre de creer lo que él quería en los Estados Unidos. Estaba visiblemente aliviado al oír eso.

Antes de Navidad, Leo estaba trabajando en un papel para una de sus clases. En ello tuvo que describir su religión y lo que él creía. Como lo estaba ayudando con el papel, dijo: "no creo en Buda y no creo en Jesús. Yo sólo creo en mí mismo."Explicó que ha rezado a Buda antes y Buda nunca le ha ayudado. Le sugerí que intente hacer eso con Jesús en algún momento. Me dijo: "Si Jesús es real, él puede hablar conmigo en un sueño. Si viene a mí en un sueño, sabré que es real. Hasta entonces, sólo creeré en mí mismo." me asintió con la cabeza en el acuerdo y agradeció a Dios por este niño que realmente necesitaba escuchar de Dios.

En diciembre, compramos un árbol de Navidad vivo en el lote de esquina local. Al día siguiente lo trajimos a casa empezó perdiendo las agujas. El árbol estaba en serios problemas la semana antes de Navidad. Una noche, en una decisión de último momento, mi marido decidió conducir hasta el bosque y cortar un árbol fresco. Conociendo a que Leo ya había ido a la cama, me le disparó un correo electrónico y le dije que mi marido Erik iba a cortar un árbol en la mañana, si quería ir. , Poco sabía que Dios que utilizaría para hablar con Leo.

A la mañana siguiente Leo vino delimitador hasta el refrán de las escaleras, "¡ creer! Creo que Jesús". Estaba tan entusiasmado!

Él dijo: "Tuve un sueño anoche donde Jesús le habló a mí". Al parecer habló algunas cosas personales a Leo. Entonces, "me dijo que cuando me desperté en la mañana, para probar que el sueño era real, que nos vayamos a conseguir un árbol de Navidad!"

Cuando Leo despertó del sueño, vio mi correo por primera vez. Dios habían hablado con él en un sueño y lo confirmó al decirle algo que no sabía. ¿No es genial? Dios hablaban a Leo en un sueño a presentarse con él!

Habla a través de nuestros pensamientos

Escuchando a Dios en nuestros pensamientos es tanto de un cambiador de juego, he escrito el siguiente capítulo entero en él. Al caminar por la vida sabiendo cómo escucharlo en nuestras mentes es algo muy poderoso de hecho pero creo que es típicamente el más difícil de dominar. Que cubriremos en el próximo capítulo.

Wendy Selvig

Capítulo 3

DIOS DE AUDIENCIA EN SUS PENSAMIENTOS

"Mis ovejas oyen mi voz y yo las conozco, y siguen a mí"

— Juan 10:27

Escuchando la voz de Dios en sus pensamientos

"Ella tiene una lucha secreta con pornografía y una relación enfermiza de la sala de chat de Internet". Esa fue una de las primeras cosas que el Señor compartió conmigo acerca de otra persona cuando estaba aprendiendo a oír su voz.

Yo era un estudiante en la Universidad Oral Roberts, y era el capellán de un piso completo dormitorio de las niñas. Había oído muchos predicadores y oradores de capilla hablan de lo que habían escuchado el señor plomo, guían o hablar con con ellos. Tenía tanta hambre de saber lo que era como escuchar a Dios hablar. Hubo momentos que pensé que Dios me habían hablado tal vez o me habían llevado, pero no estaba seguro. ¿Iba a oír una voz audible o sería una idea en la cabeza? No estaba seguro.

Siendo un capellán, me acusaron de la vida espiritual de 20

chicas. A menudo caminaba el salón por la noche poner mis manos en sus puertas a orar por ellos. Ese año le pedí a Dios que me enseñe a oír su voz. Me gustaría diario mientras oraba por las chicas, anotando cualquier pensamiento o impresión que sentí mientras oraba por ellos.

La primera vez que recuerdo escucharlo hablar (aunque yo no lo sabía en ese momento), rezaba específicamente por una de las chicas en el piso. Para su protección, te cambió su nombre y llamar a su *Lacey*. Me puse mis manos en la puerta y comenzó a orar por ella. Un pensamiento vino a mi mente:

"Ella tiene una lucha secreta con pornografía y una relación enfermiza de la sala de chat de Internet". Yo no lo escuché audiblemente, era sólo una idea. No era prejuicioso en tono; fue un hecho que me vino a mi mente. Recuerdo pensando, "eso no podía ser Dios, que era mi propio pensamiento. Qué vergüenza me pensando en ella." Yo oré por ella pero no mencionó a nadie, convencido de que debo haber llegado en mi cabeza.

Bueno, un día un par de semanas más tarde Lacey tocó a la puerta de mi cuarto que necesitan hablar con alguien. Ella derramó su corazón roto a mí admitir que tuvo una lucha con la pornografía y que recientemente había comenzado una relación con un hombre mayor en una sala de chat de Internet. Mi mandíbula casi cayó al suelo, pero no de la impresión que lo admitía. Fue el choque de realización que realmente escuché la voz de Dios y que vino en forma de un pensamiento. También me di cuenta de que él me había dicho sobre ella para que yo pudiera ayudarla y orar por y con ella. Tuvo compasión de su hija y él había confiado con información privada para que pudiera entender su lucha y estar ahí para ella.

Entonces, lo escuché! Finalmente había oído hablar a Dios. Como he dicho antes, no fue audible, era un pensamiento. Todavía no es un pensamiento que originó conmigo.

Entonces, esto causó otras preguntas a la superficie. Si Dios habló el pensamiento a mi mente, ¿cuántas veces había hablado antes? Sin saber que él me habla a través de pensamientos, es probable que creía que su voz era la mía. Y yo creo en el diablo y los demonios, ¿significa eso que los demonios podrían hablarme así y me hacen pensar que eran mis pensamientos? Estas preguntas comenzaron a burbujear a como estaba en el comienzo de mi viaje a oír la voz de Dios.

Una vez sabía en mi corazón que Dios realmente nos habla, que quería oír más. No podía creer que él quiso hablar conmigo, una chica común. Pensé que escuchar de que Dios era algo personas especiales sólo tienen que hacer. Pensé que Dios tenia que realmente amar más que a otros para darles ese regalo.

Sin embargo, porque él estaba dispuesto a hablar conmigo, mi autoestima empezó a mejorar. Me di cuenta de que quería tener una relación profunda conmigo. El Dios del universo me vio. Él oyó mi corazón. Me entendió y me sentí amada por él. Él prefirió confiar en mí con profundos secretos. ¿A quién le importa lo que nadie pensaba. El *uno* que importaba vi y me escuchó y me habló.

Cuando el Señor me habló de Lacey, creo que fue en realidad lo que se llama en las escrituras, una *palabra de conocimiento*. Primera de Corintios 12:8 menciona una palabra del conocimiento como un don espiritual; Sin embargo, este es el único lugar en la Biblia que se menciona. La enseñanza general de este regalo es que es información no conocida, dado por el Espíritu Santo para su beneficio o en beneficio de otro. En este caso fue ayudar a Lacey.

Creo que la palabra de conocimiento está diseñada para equipar a la persona que lo recibe a ministrar o orar por alguien más, o es el Señor dándoles conocimientos para ayudarse a sí mismos. En cualquier caso, es nuevo conocimiento recibido del Señor para ayudar a una persona.

En Juan 10:27, Jesús dice: "mis ovejas oyen mi voz y me conocen". Este capítulo entero Biblia discute de cómo Jesús es nuestro pastor y que escuchamos su voz. Cuando las escrituras habla de nosotros oyendo la voz de Dios, habla de él en cuanto a Jesús personalmente nos pastorea. Nos conduce, nos guían y nos mantiene fuera de peligro.

Así que, volviendo a mi último año en ORU, el resto del año escolar practiqué audiencia. Hice un hábito regular de orar sobre las puertas de las niñas en la noche, escuchando fuertes pensamientos o *impresiones* que podría provenir de Jehová. A veces tengo una un palabra, pensamiento como *temor* que venia a mí mientras yo estaba orando. Reconozco que Dios me estaba dando conocimiento de lo que a orar por esa niña, que ella debe lidiar con temor. Otras veces había algo más, mucho más detallada descripción de lo que te pido. Estas palabras de conocimiento vinieron, creo yo, porque yo estaba en autoridad espiritual sobre estas chicas (como su capellán) y el Señor me estaba equipando para la batalla para ellos en la oración. Creo que podía confiar en no abusar de la información, pero usarlo para orar. No iba a delatar a nadie o utilizar la información para chismes. Fue entre Dios y yo con el propósito de que la oración fuera más efectiva sobre las vidas de estas chicas.

Aprendizaje que venían estas palabras de conocimiento que el Señor me estaba dando como pensamientos, estaba facultado para oír al Señor para mi propia vida personal.

Por favor saber, aprender a escuchar su voz toma tiempo y es un proceso. La mayoría de las veces que no dudamos de Dios, dudamos de nosotros mismos. Yo sé que hice (y todavía lo hacen). Entonces, lleva tiempo y práctica. Tienes que empezar a escribir lo que piensas que Dios está diciendo. Entradas de diario respondió aumentará su confianza en el tiempo que realmente lo está escuchando, pero iremos en eso más adelante.

Las palabras de conocimiento van a veces mucho más adelante

La vida está llena de encrucijadas, especialmente cuando usted es un adulto joven. Tomas decisiones durante la escuela secundaria y Universidad que pueden definir mucho de lo que eres en años venideros. Durante este tiempo en la vida usted está decidiendo cosas muy importantes como quién y si usted podría casarse y qué vocación elegirás. La escritura ha señalado que Jesús es nuestro pastor. Eso significa que nos lleva de la manera que deberíamos ir. Es tan increíblemente beneficioso oír a Dios y el te dará indicaciones durante estos años importantes de tu vida.

Más adelante en la vida después que las carreras son elegidas y posiblemente una pareja es elegida así. Cruce puede venir en forma de una crisis o inesperados baches en el camino como perder un trabajo, problemas de pareja o tal vez un niño enfermo. Cuando la vida lanza una bola curva, es muy importante ser capaz de escuchar consejos del pastor y su perspectiva.

Cuando se trata de encontrar a una pareja, algunos piensan que no hay una persona específica por ahí, que mucha gente podría *salir* como parejas potenciales. Que puede ser fiel a cierto grado. ¿Pero si tienes un entrenador de vida personal que sabe todas las cosas e invitarlo a todas las personas y en el proceso, no crees que conoce a alguien que es mejor para ti? ¿No es posible que puede hacer una manera para que sus caminos se crucen?

En mi caso, en la escuela secundaria y la Universidad salí con varios jóvenes muy buenos, quién podrían tener *resuelto*, pero pedí específicamente Dios mira hacia adelante en mi vida y encuentra a la persona adecuada. Yo quería a *escoger el mejor* hombre para mí.

En el otoño de 1997 fui a Oral Roberts University. El domingo antes de que iba a pasar ahí, fui a un servicio religioso del domingo por la noche en una iglesia en mi ciudad natal. Tenían un orador especial que visitaba esa noche. No recuerdo lo que hablaba, pero después de la misa se acercó a mí y me tenía una palabra de conocimiento. Este predicador pretendía escuchar la voz de Dios. No sabía si creerle o no. Si era un charlatán, había ido demasiado lejos y estaba fabricando un mensaje de Dios para mí. En este momento en mi vida no estaba tan seguro de estas cosas, pero que estaba dispuesto a escuchar y aprender. Este predicador me contó que en una semana me encontraría con mi futuro esposo.

¿Qué chica no quiere oír algo así! Estaba entusiasmado con la idea. Me imaginé entrar a un salón de clases y ver un rayo de luz sobre *el*. Que me vería y chispas volar, irían fuegos artificiales y todo sería historia.

La realidad era mucho más decepcionante. Una semana más tarde, me mudé a los dormitorios y conoció a mucha gente nueva. No había ninguna luz brillante que apareció sobre un tipo específico cundo entré en cualquiera de las habitaciones. Así que en ese momento he recibido, si fue realmente una palabra del Señor, no hizo mucho para mí. Durante mi tiempo en la escuela, a menudo me preguntaba si ese predicador se había equivocado.

En ORU no existen cofradías o hermandades, pero en cambio hay alas hermano y hermanas de los dormitorios. A la residencia de cada chica tenía un hermano de dormitorio con el que compartimos las funciones sociales. Las alas de hermano y hermana compartieron un comedor en la cafetería, así que el primer día me senté con y conoció a varios de mis brotherwingers. Uno de los chicos que conocí ese día, a la mesa del almuerzo fue Erik Selvig.

Erik y yo se hicieron buenos amigos en los próximos años, pero nunca pensé en salir. Fue durante el último año que Erik me acompañó en un viaje a Chicago para la boda de un amigo. En ese viaje, me di cuenta de que realmente lo amaba. Había sido un buen amigo, pero mis sentimientos se habían fortalecido. Ahorraré la historia completa para otro momento, pero en ese viaje se dio cuenta de lo mismo. Un año después nos casamos. Por este tiempo había olvidado las palabras del predicador desde años antes. Regresó a mi mente como estábamos haciendo preparativos para nuestra boda. Un día me di cuenta de que yo *había* conocido a Erik la primera semana de escuela, y la *palabra* del predicador en realidad había sido correcta. Mientras que no parecía ser un beneficio para mi escucharlo en lo inmediato, ahora se desempeñaba como confirmación de que yo estaba caminando por el camino correcto, casarse con el hombre que Dios habían destinado para mí todo el tiempo.

Las palabras de conocimiento tienen propósito

Las palabras de conocimiento o darte sabiduría específica no tienes pero necesita o equipan a ministro o rezar por alguien más.

Trabajé en un Ministerio muy grande en Colorado Springs durante 10 años. Un día estaba caminando por un pasillo en el trabajo y vi a un hombre que no conocía personalmente pero que trabajaba allí, viniendo hacia mí. Empecé a sentirme físicamente enferma y repulsión hacia este hombre y escuché que el Señor me contó (a través de pensamientos) algunas cosas pecaminosas que había estado involucrado en. No había manera podía saber estas cosas por mi cuenta. Y realmente no hubiera tenido ninguna opinión del hombre antes de este encuentro. Yo tampoco estaba inventando una hamburguesa de una historia en mi cabeza, o Dios me estaba mostrando cosas que hubiera preferido permanecen escondidas en la oscuridad. Ira se levantó en mi alma hacia este hombre. Fueron días en que mi espíritu se afligía cuando pensaba en él. No pude ni siquiera mirar lo. Yo clamé a Dios un día mientras conducía.

"¿Por qué me muestras eso?" Le pedí a Dios en voz alta. Y, "qué propósito hay en mí saber esa información"? Tenga en cuenta que no sabía que el hombre era suficiente bueno para acercarme a él. No sentí que debía enfrentarme a él.

"¿Por qué revelaría algo tan profundo que me sobre una persona si no hay nada que lo pueda hacer?" Le pregunté.

El Señor habló a mi mente muy suavemente y claramente, "Yo le confié con esa información así puedes orar por mi hijo."

Como un globo con un escape rápido, el aire era dejado salir de mi disgusto inmediatamente. Sólo en audiencia el Señor lo llama a su hijo, era humillado como vi que le había fallado al mirarle como lo hizo el señor. No tenía *la perspectiva de Dios* sobre la situación. Donde yo vi un pecador que merece juicio y corrección, el señor quería ver a su hijo herido con un gran problema. Dios lo miraban con un amor increíble y yo lo había juzgado. Dios necesitaba que orara por él.

Me callé la boca y nunca dije una palabra sobre lo que el Señor había revelado a mí sobre este hombre, aún dentro de pocos días las cosas que el Señor me había mostrado salieron en público y fueron confirmadas por el noticiero.

No estoy sugiriendo que este hombre no debería estar sujeto a la ley, o que no debería recibir corrección por sus superiores. Sin embargo me había puesto yo mismo en una posición de juicio sobre este hombre cuando no tenía una función para juzgarlo. Yo no era su superior. No era un agente de la ley. Él no tenía pecado personalmente contra mí.

Pero de alguna manera había reservado el derecho de reconocer su pecado y sostenerlo contra él. Debido a lo que el

Señor me habló, era capaz de ver la perspectiva de Dios.

El señor no quiso juzgar al hombre. Le había fallado por no reconocerlo como un hermano en el señor que necesitaba ayuda. Yo lo había juzgado en vez de pensar cómo podía rescatarlo, orar por el y ayudar a este hijo de Dios. ¿Cuántas veces como cristianos hacemos algo cuando un hermano o hermana se cae?

Da un poco de miedo que el Señor te revela un secreto para los extraños ¿verdad? Creo que me dijo las cuestiones de este hombre porque quería que orara y porque quería darme su perspectiva sobre la situación. Mi reacción instintiva fue juzgar al hombre porque sé que Dios no aprueba las acciones en que estuvo involucrado. Pero si no fuera superior a este hombre o en un lugar para corregirle, ¿por qué me declaro su juez?

Oyendo el Señor hablar a mi corazón en esta situación me ayudó a ver que vio a este hombre como su hijo. Él estaba interesado en ayudar a su hijo y quería incluirme en esa ayuda.

Pasos de bebé para el desarrollo de este regalo

¿Quiere el señor a dar palabras de conocimiento? Creo que hay algunas medidas de sentido común que puede tomar para llegar al lugar donde usted puede recibirlos.

El primer paso es aprender a escucharlo en tu propia vida personal. Realmente no hay diferencia en el método de escucharlo. Cuando claramente puedes oírlo para tus propias necesidades, él podría empezar a confiar en ti con las necesidades de los demás.

El segundo paso es ser digno de confianza, para que el Señor te pueda confiar la información. No te dice nada así que usted puede utilizarlo para cotillear. Y si no estás en un lugar de autoridad para hablar en la vida de esa persona, creo que debe asumir que el conocimiento no es para ser compartido con ellos o a otros.

Entonces, creo que usted mismo depositada en la posición para recibir ese regalo, si así lo desea darle. (1 Corintios 12:4).

Otros ejemplos de palabras del conocimiento:

Un amigo mío que trabaja en la industria de la televisión me escribió con este ejemplo:

"Hace unos días mi hermano me envió un texto sobre un programa de televisión cristiana en el que estaba trabajando. Dijo que su novia necesitaba escuchar el mensaje de ese programa. Dios me revelo parte de su historia, para confirmarlo le pregunté si había tenido un aborto hace 20 años. "¿Cómo supiste?" que escribió." A veces me habla Dios en mi mente, y simplemente sé cosas. " Respondí.

Dios revelo una parte de la historia de esta mujer a mi amigo que probablemente le diera compasión para esta chica y para motivarlo a conseguir el programa a su hermano y la novia podía oír el mensaje. El Señor quiere que seamos su cuerpo tal como somos sus manos y sus pies. Somos sus manos, somos sus pies. Tomamos la buena noticia del regalo de la salvación para otras personas que nos rodean que simplemente no saben. Dios sabe lo suficiente de la situación de esta chica a mi amigo habló así estaría motivado por la buena noticia del perdón y sanación con ella a un programa de televisión a que tuvo acceso.

Capítulo 4

¿Por qué Dios habla

Dios habla contigo porque te ama mucho.

Dios quiere tener una relación contigo (Jer. 29: 13). Quiere guiar sus pasos (Proverbios 3:5). Él quiere darle su presencia (Salmo 9:1). Él quiere ser compasivos y te bendiga (Joel 2:12). Quiere saber cuánto de un hijo o hija eres (Joel 2:12). Quiere ayudar a ver qué padre es en realidad una verdadera (John 3:16). Quiere descubrir cosas y *Gustad y ved* que es bueno (Salmo 34).

Dios habla a través de tus pensamientos porque es íntimo. Su espíritu es derramado sobre usted (Joel 2:28). Está cerca (Santiago 4:8) y se anhelaba una relación más profunda con usted. No quiere una carga (1 Juan 5:3). Quiere amar y confiar y aprender de él. Es lo que ha querido desde el principio del tiempo. Es lo que quería con Adán y Eva y es lo que quería con toda la humanidad. Antes de que Adán y Eva en el árbol del conocimiento del bien y del mal, su conocimiento era bueno.Todo iba *bien*. Dios llamó a su creación acabado bien.

¿Dónde Adán y Eva consiguió su conocimiento desde antes

de este árbol problemático entró en el cuadro? Es simple. Tienen de su relación con Dios.

Cuadro de este padre que ha creado un mundo lleno de asombro y descubrimiento sólo para que sus hijos pudieran aprender de él. Lo veo como crea átomos y estrellas y galaxias, pensando en nosotros todo el tiempo. Fue y sigue siendo tanto por descubrir, tanto para descubrir juntos. Me imagino que él se vio revelar misterios profundos a nosotros como la raza humana aprendieron a confiar en él y buscan su sabiduría. Él desarrolló misterios profundos para nosotros con la intención de darnos discernimiento cuando venimos a él para compartir nuestra razón y deleite en el mundo que él creó para nosotros.

Es evidente de las escrituras que Adán y Eva llevó con él a paseos por el jardín. Dios quería mostrarles todo a mirar su maravilla y responder a sus preguntas. Él es quien diseñó todo, tiene todas las respuestas. Siempre íbamos a obtener nuestro conocimiento y sabiduría de nuestra relación con él. Eso estuvo bien. Ese era el diseño. No es un capataz duro empeñado en hacernos rogar por respuestas, es un padre que quiere relaciones con su pueblo.

Esto es lo que el *gran pecado* se trata en el jardín del Edén! No es que Dios no quería que comer manzanas! Es que hicieron una elección para ganar sabiduría por su propia cuenta, sin Dios. Ya tenían acceso a la perfecta sabiduría y perspicacia al universo a través de la relación con el padre, sin embargo, decidieron perseguir sabiduría sin él.

Dios es quien hizo la tierra. Hizo del sistema solar, los

árboles, los animales, todo. Después de todo lo que hizo para introducirnos en existencia y los buenos planes que tenía para nosotros, hemos decidido tratar de aprender y explorar sin él.Era como decir: "Hola gracias por hacer este mundo increíble para nosotros, pero lo llevaremos desde aquí".

Sin embargo Dios todavía consumía para una relación con la gente creó y tejió una manera en la historia humana para redimir la situación y nos permita restaurar la relación. Ahora, si queremos que esa relación restaurada, debemos venir a través de la puerta que proporcionó. Tenemos que llegar a través de su hijo Jesucristo (Juan 14:6).

Dios nos ha dado a Jesús (John 10:29). Somos su. Él es nuestro. Él es nuestro pastor. Él es nuestro sumo sacerdote (Hebreos 8:1) que sacrificó y nos hace limpios ante Dios. Es el uno, el único que nos puede hacer bien otra vez con Dios.

Como aceptamos a él y a su sacrificio que nos hace limpio, toma la mano y lo une con el padre. Él nos enseña cómo orar correctamente al padre. Dice a orar así, "Nuestro padre en los cielos, santificado sea tu nombre..." Él es quien nos redime y nos trae. Entonces, como el Espíritu Santo obra en nosotros, comenzamos a oír la voz de Jesús en nuestras vidas y en nuestros pensamientos. Poco a poco aprendemos a confiar en que lo estamos oyendo como vemos ruegos y preguntas contestadas. Su espíritu nos enseña como confiamos cada vez más y más. Como nos finalmente convertido en confidente que escuchamos la voz de Dios en nuestros pensamientos, nos encontramos a la forma en que debía para ser desde el principio, con la posibilidad de ganar visión divina y la sabiduría para nuestro conocimiento carnal.

Dios habla a revelar cosas sobre su futuro y a ayudarle a navegar por tu camino.

Tengo una licenciatura en Biblia y Ministerio de música y otro en composición musical y tecnologías. Toco el piano y la guitarra y he estado escribiendo canciones desde que tenía diez años. Durante mis años de Universidad solía llevar adoración en los servicios de capilla de la escuela, así como en una iglesia local. Esta era mi vocación pensé, y yo quería ser un líder de alabanza como mi vocación.

Un día después de mi graduación, salí a pasear y el Señor me habló a través de una imagen potente en mi mente. Vi una foto de un equipo de béisbol. Los jugadores eran otros egresados a salir al mundo a ser líderes de adoración. Estaba sentado en el banquillo. El Señor me dijo a través de un pensamiento, "Wendy, pondré en el banco. No vas a ser un líder de culto ahora. Confianza conmigo" Sentí como si el viento me había sido derribado. Dirigir un culto era todo lo que había esperado y trató de ser. Había soñado con culto líder durante años. Era mi pasión. Es por eso que fui a la Universidad.

Pero lo escuché y supe que era él. La esperanza de que él sabía lo que estaba haciendo, puse todo en cuanto a dirigir a un culto. Me regaló mis instrumentos y confiado en el mejor de Dios para mi vida.

Para los próximos 15 años que no cantaría, tocar un instrumento o plomo adoración. Cada vez que lo intenté, no abriría las puertas y me sentí malestar en mi corazón. Lamentablemente, durante este tiempo he desarrollado un montón de dudas y escuchaba la voz del enemigo me dice que Dios no aprobó de mí como un líder de alabanza.

No sé las razones exactas de Dios me hizo sentar en el banquillo, pero mirando hacia atrás en el tiempo que tengo algunas sospechas.

Durante esos años tenía tres hijos. También perdí a tres niños durante embarazos fallidos. Pasé por muchos episodios de depresión post parto y sentimientos de ser abrumado por la vida. Realmente creo que estaba en posición de servir como un líder de alabanza con estabilidad. Creo que mi pastor sabía que debía ser conducido suavemente a través de los años antes de dejar que me corre con mi pasión. Creo que tenía compasión y gracia para mí en esta zona, pero sólo puedo ver que ahora mientras miro detrás de mí.

Así que, un día en 2012 estaba manejando solo en mi coche. Oí hablar en mis pensamientos a Jehová, "Tienes que preparar porque es hora de salir del Banco".

Eso es todo lo que tenía que decir y yo sabía exactamente lo que quiso decir. Yo sabía que me estaba llamando vuelve a dirigir un culto.

Sabía que lo había oído. Hubo momentos en los años antes cuando había deseaba oírle decir eso. Había preguntado y escuchado para oírle decir eso, pero nunca tuvo. Ahora, había ajustado bien a la idea de nunca llevando adoración otra vez, convencido de alguna manera había ofendido a Dios o demostrado ser indigno cumplir mi vocación original. Pensé que él había terminado conmigo en esa arena. Entonces, me sorprendió que me diga que ya era hora. Yo no había cantado o tocado la guitarra o el piano en literalmente 15 años. ¿Por qué me? ¿Por qué ahora?

Decidí que confiar y creer que lo había oído, pero no contarlo a nadie. Sólo sería esperar y ver qué pasó. Empecé a mirar otra vez a través de la música de adoración y escuchar para ver lo que era popular. Salí de mi guitarra y comenzó a jugar un poco.

Un mes más tarde almorcé con la esposa de mi pastor que estaba a punto de comenzar la reunión de mujeres semanal toda la ciudad. Me dijo que se sentía que era a pedirme que conducen a la adoración. No había ni siquiera le dije que mucho de mi historia. Nos sentamos a almorzar y llorado juntos como le dije que Dios habían sólo me dijo que era hora de salir de la banca.

Dios habla para animar a la gente

Durante mi periodo de 15 años, cuando no llevaba adoración, asistí a un servicio de noche en mi iglesia. Tuvimos una noche especial donde mi pastor estaba enseñando acerca de los dones espirituales. Había un líder de alabanza invitado esa noche, Darrell Evans. Ser un líder de culto en el corazón, sabía de Darrell y las grandes canciones que escribió. Que había estado dando culto en Tulsa, OK mientras era estudiante en ORU y fue un placer para mí poder verlo en mi iglesia en Colorado. Durante el servicio de adoración estaba rezando y pidiendo a Dios para darme canciones otra vez, que me deje escribir música otra vez. También estaba embarazada con mi primer niño unos 6 meses. Estaba rezando y pidiendo a Dios que bendiga a mi bebé con dones espirituales también.

De repente, Darrell dejó de cantar pero continuaba tocando su guitarra. Tenía los ojos cerrados y empezó a hablar. Él dijo, "hay una mamá y su bebé está todavía en el útero. Has estado rezando para que Dios use este niño, este niño. Dios está derramando canciones con él hasta ahora y está virtiendo canciones dentro de ti. Para confirmar esto, su bebé se está moviendo ahora mientras hablamos. " Mi hijo saltó en el vientre y me patearon como dijo esto. Fue la experiencia más increíble y humillante.

No conozco a Darrell y lo no conocido. No sabía yo o que yo estaba embarazada, sin mencionar que estaba embarazada con un bebé varón. Había cientos de personas en la audiencia. No me podía ver en el cuarto oscuro. No sabía que había estado rezando y pidiendo a Dios para usar a mi hijo y darle regalos. Pero el señor fue capaz de usar a Darrell para animarme porque Darrell supo escuchar la voz de Dios.

Dios habla para consolarte en tragedia.

Una de las cosas más difíciles que he pasado en la vida es perder a un bebé. En realidad he perdido tres. Antes de que he perdido a un niño sin embargo, tuve una visión. Era temprano en nuestro matrimonio antes de que tuviéramos hijos.Estaba en la iglesia de un amigo y fue durante el servicio de adoración. De repente esta imagen era muy fuertemente en mi mente. No lo entiendo y realmente lo malinterpretaron en el momento.

En esta foto he visto a Dios el padre sentado sobre un

trono. Erik y yo estábamos parados delante de él y nos tomó de las manos y nos recogió en su regazo. Parecíamos niños y estaba sosteniendo y nos abraza. Entonces, miró hacia abajo y vio a tres niños de pie ante el trono. Dos niñas y un niño fueron ahí. Las chicas eran el más antiguo y el más joven el niño. Jesús, quien estaba sentado en el trono al lado del padre, se puso de pie y fueron y reunieron a los niños en sus brazos. Nos miró con amor y con una gran sonrisa. Los trajo con él como él se sentó en su trono, sostuvo nuestros niños en sus brazos.

Eso es todo. Fue tan real, que estaba seguro que había sólo me mostró que tenía dos niñas y un niño y nos haría todos viven felices para siempre. Sin embargo, los infancia teniendo días venideros se convertiría en un desafío, y eventualmente perdería a 3 niños durante embarazos. Llevaría otros 3 a término, pero estarían todos los chicos y no tenía sentido que había visto una visión con chicas en él cuando terminé teniendo sólo los chicos. En retrospectiva, estoy seguro de que era los 3 niños que perdí a quien vi en la visión, y estoy seguro de que Dios me estaba mostrando que tenía mis hijos en sus brazos. Quería saber que están con él.

Una visión de la comodidad

Estábamos muy emocionados de estar embarazada. Habíamos intentado durante casi un año sin éxito y luego de repente estaba esperando! Para añadir aún más alegría a la situación, nos encontramos que un hermano y su cuñada esperaban demasiado! Qué divertido este iba a ser! La familia era muy emocionada, pero lamentablemente no iba a durar la emoción.

Unos meses más tarde estábamos devastadas para saber que mi hermano y mi cuñada habían abortado y perdió a su hijo. Ahora, la alegría se convirtió en tristeza y dolor para la familia y estábamos todos muy tristes.

Mi suegra, una mujer piadosa, estaba en oración unas semanas después de esto y vi una visión del señor. En su tiempo de oración, vio una foto en su mente de su madre, (que ya había fallecido y fue con el señor), de pie en el cielo con dos bebés envuelto en sus brazos. Mi suegra inmediatamente supe que mi hijo era el segundo bebé. Me dijo que su primera reacción fue que lo reprende y decir: "No, bebé Wendy no morirá en nombre de Jesús." Pero lo que no sabía es que el bebé ya tenía.Nos había perdido al bebé unos días antes pero no había dicho a nadie. ¿Por qué Dios hablar a mi suegra sobre esto? Darle a ella y al resto de nosotros paz que él sabía y entiende nuestro dolor. Y, para darnos una paz que esos niños fueron atendidos. Nos da esperanza en una época muy oscura. Porque estábamos abiertos a escuchar su voz era capaz de consolarnos.

Dios habla para darnos su punto de vista sobre una situación.

Erik y yo amamos a nuestro pastor. Pastor Ted Haggard realmente tiene una historia de redención que contar. Asistimos a la iglesia Mega Iglesia nueva vida en Colorado Springs durante 13 años. Puede o no puede saber fue el centro de una tormenta de atención de los medios, cuando nuestro pastor fue revelado para ser envuelto en un escándalo mayor. Nosotros, como mucha otra gente en la iglesia, estábamos sacudidos a nuestro núcleo cuando ocurrió todo. Animo a todos a leer el libro de la esposa de Ted, *por qué me quedé*, por Gayle Haggard, si usted está interesado en la historia completa.

No había sido capaz de oír la voz de Dios, no sé dónde estaría hoy en lo que siento por él. Los escándalos son cosas difíciles y a mucha gente le cuesta perdonar cuando cae un líder. Afortunadamente, el Señor me habló antes del escándalo ni a y su voz me dio perspectiva cuando se desató la tormenta.

El domingo antes de que estalló el escándalo, vi a nuestro pastor caminar por el pasillo hacia la plataforma con los otros pastores como siempre lo hizo, justo cuando el servicio estaba a punto de comenzar.

El Señor me habló a través de un pensamiento muy fuerte y lo que sólo puedo describir como fuertes emociones agarre cuando lo vi. La idea era la voz de Dios en mi cabeza muy fuertemente diciendo, "Intento de asesinato Pastor Ted esta semana" y asume que habría un atentado literal de algún tipo en su vida.

No sólo habían hablado Dios una idea en la cabeza, también fue acompañado por una fuerte emoción. En este momento en mi vida no estaba segura de mi misma cuando oí hablar a Dios. Ciertamente no miraba para escuchar de Dios en esto y cuando lo escuché me sorprendió. Cuestionado y dudó, pero estaba empezando a conocer la diferencia entre mis propios pensamientos y de Dios. Sabía que había oído su voz en esto. No estaba seguro de qué hacer con él.

En ese momento, no tenía ningún tipo de relación con el hombre. Ciertamente no tenía ninguna razón para que me permiten hablar en su vida. Entonces, sabía que Dios no me esperan para decirle lo que había escuchado. En su lugar supuse que iba a rezar por él, de hecho rezar por su vida.

Que tras el jueves, algo traumático ocurrió con nuestro pastor, aunque no me lo esperaba. Un gran escándalo fue destapado. La entera Iglesia incluyendo que mi esposo y yo estábamos tambaleándose en estado de shock de él. Y aunque su historia es larga y este no es el lugar para contarlo todo, su vida como él sabía entonces cambió para siempre.

Todos los logros, los libros y el liderazgo que había proporcionado, todos fueron enterrados bajo el escándalo. Se había rota la confianza con la gente, corazones estaban confusos y se encontró en un lugar donde pensamientos suicidas lo mantuvieron empresa día a día. Él había sucumbido en este punto débil, verdaderamente todo en su vida hubiera sido destruida.

Yo había oído a la voz del señor hablarme sobre un intento de asesinato del enemigo no claramente, no habría sabido cómo el señor quería para ver la situación. ¿Han elegido a juzgarlo con rabia y rencor, porque estaba tan profundamente herida por la situación.

Durante este tiempo emocional mi esposo y yo necesitaba perspectiva. Necesitamos saber cómo Dios estaba viendo la situación. ¿Estaba enojado con nuestro pastor Dios y juzgarlo? ¿Esto era un pecado imperdonable que debe darle incapaz de servir en el Ministerio nunca más? ¿Le debemos perdonar o había él estado engañando nosotros todo el tiempo y nunca podía confiar otra vez? Estas eran preguntas que teníamos para procesar durante este tiempo. La perspectiva de Dios nos ayudó a vadear a través de estas aguas.

Tras el escándalo, Pastor Ted fue a través de intensa terapia para abuso y traumáticas cosas que sucedieron en su vida que nunca había trabajado a través de. Públicamente se arrepintió y pidió perdón. Sin embargo la palabra del Señor me dio perspectiva así sabría qué pensar sobre mi pastor cuando no estaba seguro sobre mi propia. No supe nada "a lo que se merece" de parte del Señor, que había escuchado, "tentativa del asesinato." Todo está en el punto de vista.

No estoy diciendo que él no han sido corregido por los hombres que estaban en autoridad sobre él. No estoy diciendo que no le hizo daño a la gente, o que él no han tenido que pedir disculpas o buscar ayuda. Definitivamente necesitaba hacer esas cosas, y lo hizo.

Estoy diciendo que porque no estaba en la autoridad directa sobre él o en una relación de confianza con él, no debería haber sido juzgando, debería haber estado ayudando a.

Muchas personas están todavía no capaces de perdonarlo. Algunas personas caminan alrededor de años más tarde con veneno en su lengua y en sus corazones. Habían sido capaces de obtener la perspectiva de Dios sobre la situación, creo que estarían caminando gratis en sus corazones hacia él hoy.

Más tarde, varios años después del escándalo, el Señor me mostró que mi pastor es como el hijo pródigo, quien ama. Aunque su hijo cayó y había avergonzado a su nombre, el padre se regocijó y restaura autoridad a su hijo mediante la colocación de su abrigo de él cuando regresó. No lo hizo entrar por la puerta trasera y ser un siervo (que el hijo se ofreció a hacer), él le restauró a posición y autoridad.

Hay gente que piensa que el Pastor Ted debe regresar a la iglesia con humildad, deslizándose en la puerta de atrás y no siempre estar de nuevo en una posición de autoridad. Pero según la historia del hijo pródigo, es como el hermano celoso veía las cosas, no el padre. Todo está en que tiene perspectiva para ver las cosas.

Conocer la perspectiva de Dios y cómo él vio a mi pastor me ayudó a ver cómo Dios quería hablar con él. Y me puso en una posición de poder perdonar y dar gracia a mi pastor mientras caminaba a través de su restauración en los años siguientes.

Dios habla para ayudarle a evitar un desastre

He trabajado durante muchos años en el enfoque en la familia, un Ministerio de radio grande en Colorado Springs. Era el productor nacional llamada vivo en talk show para mujeres. Tuvimos un sinfín de alto perfil, y la presión era alta porque teníamos un programa de radio nacional en vivo. Si hemos tenido un problema técnico, cientos de miles de personas nos oyó. Así que he intentado siempre estar alerta cuando vino a prepararse para el espectáculo.

Un día estaba rezando por una próxima emisión y el Señor

me habló. Nuestro anfitrión no estaba en estudio con nosotros, ella estaba en Washington D.C. y conectados a nosotros a través de algo llamado una línea RDSI. El Señor me dijo que la línea ISDN (RDSI) iba a caer al final del espectáculo y que no tendríamos tiempo para volver a conectar con nuestro anfitrión. El programa estaría sin final. Eso sería malo para su difusión nacional y malo para mi trabajo.

Confié en lo que me dijo y me comuniqué con nuestro anfitrión. Le dije que iba a pensar que es extraño, pero que necesitaba para grabar un minuto final al show que podemos usar como una copia de seguridad en caso de que alguna vez perdimos su conexión al final del espectáculo. Ella pensó que estaba un poco loco, pero accedió a grabar para mí. Al día siguiente cuando estábamos vivos, tenía su fin grabada con claves y listo para ir. Asombroso como un reloj, esa línea RDSI cayó nuestro anfitrión durante el último comercial y no teníamos tiempo para volver a conectar con ella y terminar el programa correctamente. He traído un poco de música, golpe "play" en el final pregrabado y nadie sabía que habíamos perdido nuestro anfitrión. El señor era tan fiel y se preocupaba por ayudarnos a evitar el desastre. Mi pastor me guió suavemente a través de lo que hubiera sido un día estresante y lleno de fallas, en paz, confianza y éxito! Jesús cinco alta!

Capítulo 5

LA VOZ DE UN ENEMIGO

Una guerra espiritual

No importa si crees en la gravedad o no, las leyes de la física lo baje si pisas por un precipicio.

Lo mismo ocurre con el reino espiritual. Si crees en ello o no, hay mucho pasando justo delante de nuestras narices que no podemos ver con nuestros ojos físicos. Como dice en 1 Corintios 13:12, "ahora vemos sólo un reflejo como en un espejo;Entonces veremos cara a cara. Ahora conozco en parte; Entonces sabré completamente, incluso como soy conocido completamente."

Una de las cosas que las Escrituras nos dice es que estamos en una guerra espiritual. Efesios 6:12 dice: "nuestra lucha es no contra carne y sangre, sino contra los gobernantes, contra las autoridades, contra los poderes de este mundo oscuro y contra las fuerzas espirituales de maldad en los reinos celestiales".

Según la tradición, Satanás fue un ángel que se rebeló y fue expulsado del cielo. Al parecer se convirtió en orgulloso y arrogante en su belleza y su condición y deseaba ser adorado como Dios. Debido a su orgullo, Dios lo removió de su exaltada posición y papel. "Cómo has caído del cielo, oh Lucero, hijo del amanecer! Ha sido emitidos hacia abajo a la tierra, que una vez puesto bajo las Naciones!"(Isaías 14:12). En el libro de Apocalipsis, Satanás es "una estrella que había caído del cielo a la tierra" (Apocalipsis 9:1).

Una tercera parte de "miles y miles de Ángeles" (Hebreos 12:22) se rebelaron con él. Él fue lanzado a la tierra y sus ángeles con él"(Apocalipsis 12:3-9). Guerra se rompe en el cielo y "el dragón y sus ángeles se defendió" (Apocalipsis 12:7).

Algunos creen que los demonios que los ángeles caídos, y otros creen que ser otra cosa (que se explicará más adelante en este capítulo). La escritura nos dice que el enemigo, Satanás, es el *Dios de este siglo* (2 Corintios 4:4) y que está aquí para mentir (John 8:44), robar, matar y destruir (John 10:10). Quiere robar las bendiciones y beneficios que Dios tiene para nosotros. Le gustaría matar, robar y causar tu vida se acabe las bendiciones que se promete, y quiere destruir toda buena obra del padre en tu vida. Se llama el *Padre de las mentiras* y mentirá a usted para llevar a cabo cualquiera de estas cosas. Usted realmente tiene un enemigo.

La voz de su enemigo, Satanás y sus demonios: siga la adoración

"(Satanás) era un asesino desde el principio, no se sujetan a la verdad, porque no hay verdad en él. Cuando miente, habla su lengua materna, porque es un mentiroso y padre de la mentira."- John 8:44

Satanás es derrotado por la Cruz de Cristo. Pero en la

comprensión de Satanás debe entender dónde estamos en la línea de tiempo de la eternidad. Él ha sido derrotado y será echado en un lago de fuego por toda la eternidad, pero en este momento está todavía prófugo. Estamos en la edad que ha sido llamado al Dios de (2 Corintios 4:4). Él todavía está presente en la tierra y tiene poder para robar, matar y destruir. Aquí están algunos hechos sobre Satanás según las escrituras.

1. Satanás sabe y utiliza las Escrituras para promover la doctrina falsa y engaños (Mateo 4:1-11).

2. Planta su gente en el Reino. (Mateo 13:38-39).

3. Quita la palabra de Dios de los corazones de la gente (Lucas 8:10-13).

4. Pone en el corazón de los hombres para hacer el mal incluso hasta el punto de traicionar al hijo de Dios (Juan 13:2).

5. Puede oprimir a algunos hasta el punto que necesitan sanación. (Hechos 10:38-39)

6. Tiene planes contra nosotros. (Efesios 6:11-12)

7. Es capaz de atrapar y mantener gente cautiva a hacer su voluntad (II Timoteo 2:25-26).

8. Engaña y es capaz de engañar a todo el mundo (Rev 12:8-9).

9. Puede entrar en algunas personas (Lucas 22:3).

10. Puede tamizar gente como trigo cernimiento (Lucas 22:31-33)

11. Tiene poder para mantener a la gente en la oscuridad (hechos 26-18).

12. Tiene Ángeles (Rev. 12:8-9).

13. Tiene planes contra nosotros. (II Cor 2:10-11).

14. Disfraza de ángel de luz (II Cor. 11:14-15).

15. Satanás nos impiden a veces (me Thes 2:17-18).

16. "Energía", "Señales" y "Falsas maravillas" puede realizarse por Satanás (II Thes 2:9-10).

Las escrituras sugieren que Satanás fue diseñado por Dios para ser un líder de alabanza en el cielo (Ezequiel 28: 12-17 e Isaías 14:12-14). Aunque él se echó a tierra (y Dios de este mundo, 1 Corintios 4:4), creo que todavía es un líder de culto por la naturaleza. En Mateo 4:9, tentó a Jesús para que lo adoren.

En cuanto a la raza humana, Satanás trata de llevarnos a adorar a nada que no sea Dios. Odia a Dios. Te odia y quiere hacer daño y destruir (1 Pedro 5:8).

Entonces, para reconocer tu enemigo habla, tienes que conocer el corazón de su enemigo. El corazón de su enemigo, estará promoviendo el culto o glorificación de todo menos de Dios.

Los gigantes y demonios que hablan

Bueno, agárrate a tu sombrero porque estamos a punto de sumergirse en un sonido loco, Alice en Wonderland-tipo-de madriguera. Muchos creen que los ángeles caídos son los demonios, y pueden ser muy bien. Sin embargo, hay otra teoría que creo que añade una capa interesante la idea de un *demonio*. Al principio, esta teoría sonó *ahí* me hasta que empecé a hacer investigaciones sobre él y había encontrado evidencia sólida que abrió mi mente un poco.

Este es mi hijo Erik. Él y yo viajó a Sudáfrica para ver esta antigua huella gigante de granito puro. Nos tocó y sintió la lava endurecida que exprimió hasta entre los dedos. Pensamos que la curvatura del arco. Es verdaderamente una huella de una persona muy grande desde la antigüedad.

Esta teoría tiene que ver con la verdadera gente gigante. Los gigantes son uno de los pilares de los mitos y las tradiciones de casi todas las culturas de la tierra. Los griegos y los romanos tenían sus Titanes, los hindúes tienen los Daityas. El Norse tuvo gigantes de hielo, y el celta tuvo la Fomors. Muchos más gigantes se tejen en historias antiguas de todo el mundo.

En una idea loca y teoría de la conspiración, hay evidencia que muchos de los descubrimientos arqueológicos de gigantes han sido suprimidas. Se han encontrado esqueletos muy grandes alrededor del mundo así como las huellas que han sido capturadas en granito. He ido a ver personalmente una de las huellas en Sudáfrica y fue absolutamente increíble. he leído comentarios de la gente en línea sobre cómo podría ser la huella de algo que se formó por la naturaleza y cómo podría ser un fenómeno natural que acaba de aparecer ver como una huella. Pero una vez que lo vi con mis propios ojos, no había duda que era una verdadera huella. Se podía sentir el arco del pie y donde la lava había exprimido por entre los dedos y endurecido. No hay duda que es una verdadera huella. También hay algunos museos dejado en todo el mundo que muestran los huesos gigantes. Hay pruebas contundentes de estas personas gigantes, pero extrañamente no se habló de los círculos científicos de hoy.

Así que ¿qué tienen los gigantes relacionado con espíritus demoníacos? Vamos a empezar con una cita de un texto antiguo. "Los espíritus malignos han procedido de sus cuerpos; porque nacen de los hombres y de los Santos vigilantes (Ángeles) es su origen inicial y primaria; serán los malos espíritus de la tierra, y malos espíritus serán llamados. Y los espíritus de los *gigantes* afligen, opriman, destruyen, atacan, batallar y trabajaren la destrucción en la tierra y causan problemas: no toman ningún alimento, pero sin embargo hambre y sed y causar ofensas. Y estos espíritus se levantarán contra los hijos de los hombres y contra las mujeres, porque ellos han procedido de ellos"–The libro de Enoc, 15:8

El libro de Enoc se atribuye a Enoc, el bisabuelo de Noé. Hay mucha controversia sobre la autenticidad de este libro, así que por favor no dude en tomar esto con un grano de sal. Enoc es la única persona que fue tomada por Dios y *no existía más*. Este libro no se considera como parte del Canon de las escrituras. Es un libro antiguo, pero no las escrituras. Sin embargo antes lo desacreditas, deberías saber algunas cosas acerca de él.

"El libro de Enoc arameo muy considerablemente influenciado el idioma del nuevo testamento y la literatura patrística, más aún en el hecho de que cualquier otra escritura de los libros apócrifos y Pseudepigrapha."¿ -Norman Golban, quien escribió los rollos del mar muerto? 366 p. (1995)

"Los capítulos 1-36, el libro de los vigilantes podría datar del siglo tercero A.C.. Partes de sus textos han sido identificadas en varias copias de la cueva de Qumran 4; el manuscrito fragmentario lo más temprano posible (4QEnocha) fechas, según el director de J.T. leche, a entre 150 y 200 ADC. Todas las copias de Qumrán son en el idioma arameo."- James C. Vanderkam

Una sección corta de 1 Enoc (1En1:9) es citada en el nuevo testamento (carta de Judas 1:14-15), y allí se atribuye a *Enoc séptimo desde Adán* (1En 60: 8).

Se argumenta que todos los escritores del nuevo testamento estaban familiarizados con él y fueron influenciados por él en el pensamiento y dicción. No lo considero igual con la escritura, pero lo considero un texto fascinante que Jesús lo sabía y fue referenciado a en las escrituras. Creo que vale la pena considerar.

El libro de Enoc tiene algunas cosas bastante salvaje y es fascinante para mí. Se habla mucho de la historia de la tierra y la humanidad. Habla sobre el origen de los demonios y espíritus, y como he estudiado esto, los demonios sonaban muy parecido a lo que la gente hoy piensa como *fantasmas*. Según este libro, cuando los *hijos de Dios* (entendido como ángeles caídos) tomaron esposas de las *hijas de los hombres* en Génesis (Génesis 6:4), hubo una raza manchada de parte parte Ángeles humanos (llamados Nephilim). Eran más grandes que los seres humanos típicos y llamó *gigantes* .

Estas uniones no fueron sancionadas por Dios y se hicieron en desobediencia directa a la voluntad de Dios para la tierra. Este texto dice que estos niños eran malvados e hizo todo tipo de cosas terribles como consumir todos los recursos y luego matar y comer a seres humanos. Los ángeles caídos al parecer se presentaron a los seres humanos como *dioses* y así sus hijos, estos gigantes, la sangre de los dioses en ellos. ¿Esto te suena? Muchas culturas antiguas afirman que sus reyes son los hijos de *los dioses*. Muchas esculturas y jeroglíficos demuestran también los gigantes como sus líderes.

Esta raza de seres eran los *gigantes de la vieja* y se mencionan en la Biblia. Estos textos Enochian dijo que el castigo de Dios a los ángeles caídos nefastas para las almas de sus hijos gigantes. Cuando estos niños murieron, sus espíritus que vagan por la tierra eternamente sin ninguna promesa de la resurrección.

Mientras que los hijos de los hombres tienen una promesa de la resurrección, los niños de los ángeles caídos no tienen esa promesa. El libro de Enoc, dice, "los espíritus de los gigantes afligen, opriman, destruyen, atacan, batallar y trabajaren la destrucción en la tierra y causan problemas." Suena como un demonio para mí.

Hace unos años vi un popular TV show llamado Ghost Hunters. Los cazadores entrábamos supuestas casas embrujadas y tratar de provocar a los espíritus para ver si algo habitaron allí. A veces no se ponen ninguna respuesta en absoluto, y a veces lo harían. Usaron grabadoras que recogerían las voces que sus oídos no recoger en. A veces un Cazafantasmas oía ruido pero cuando se amplifica la onda de sonido, usted podría escuchar (y ver visualmente en la onda de sonido vía computadora) una voz dentro del ruido. Personalmente he hecho trabajo con audio y ondas de sonido, así que esto me interesó.

La voz grabada pero no escuchados por el desnudo oído a menudo habló directamente a los Cazafantasmas. A veces los Cazafantasmas sería nombrado por su nombre. Habría dichas cosas como, "Quiero que te vayas John"... o blasfemias fueron hablados.

La razón que ni siquiera voy a llevar esto hasta es para mostrar que estos espíritus, es decir, los demonios, están hablando en el aire a esta persona y la única manera de saber es reproducir la grabación. Pero de hecho están siendo hablados con.

Para mí, eso significa que estos espíritus están hablando con la gente. Si esto es real, han encontrado una frecuencia que nuestros oídos no oyen pero nuestras mentes aún percibes. ¿Qué es una gran manera de "causar ofensas sin ser visto."

Si usted cree la cuenta de Enoc o si crees que un demonio es otra cosa, en todas las cuentas, no son buenas. Si los demonios están hablando, no los escuchas con los oídos físicos, pero parece que ellos están hablando.

Personalmente, creo que ya son espíritus, hablan a nuestros espíritus, que luego interpreta los datos en la mente. Y si eres consciente de este proceso, sólo pensarás que todo pensamiento es el suyo. Y el espíritu maligno llega a causar una ofensa "sin"ser observado.

¿Si un demonio puede al oído y te hace pensar que es su propio pensamiento, cuán poderosa herramienta es que a alguien que te odia y quiere destruir tu vida?

Hay esperanza y una promesa de Dios. Si usted pedir y acepta el regalo gratis, obtendrá lo que ellos nunca tendrán – salvación y resurrección. Fuiste creado con el propósito de tener una relación con Dios. Ellos fueron castigados por sus malas acciones (registrados en el libro de Enoch) y a vagar por la tierra eternamente sin cuerpos. Están llenos de odio, son engañadores y quiere influenciar. Si los demonios intentan hablar contigo y te influya, así que hablemos de lo que algunos de esos pensamientos podrían ser:

"Dios no existe."

"Vivir y morir y eso es todo. Vivir por ti mismo y todo lo que puedas mientras estás vivo, si es beneficioso para los demás o no disfrutar de".

"Si hay un Dios, debe ser un viejo ogro para arriba en el cielo que no quiere que te diviertas."

"La ciencia está separada de creer en Dios. Dios y la ciencia no pueden coexistir."

"Dios es una muleta".

"Yo soy mi propio Dios. Puedo hacer de todo por mi cuenta. No necesito un Dios. Los cristianos son estúpidos".

"Dios quiere mantener las cosas buenas de ti.

Ataques personales:

¿"El cáncer? No sobreviviría. Vas a morir. "

¿"Larga vida? Olvídalo, las estadísticas son contra ti. "

¿"Vivir una vida próspera? No. Sólo aquellos nacidos en riqueza llegar a vivir así. "

"Eres tan gorda".

"Eres hermosa".

"Nadie quiere ser tu amigo".

"Esa persona es muy grosera. Odio."

"Sería mejor muerto".

"Espero que llegue lo que se merece".

"TE ODIO..."

"ME MEREZCO..."

"NECESITO..."

Y y... Negativo, negativo, pensamientos negativos.

Llevando a cautivo todo pensamiento

La Biblia nos instruye a ' llevando cautivo todo pensamiento.
" (2 Corintios 10:3-5)

Para conocer el origen de los pensamientos diferentes en su
cabeza, tendrás que cuestionan el corazón (o intención) del
pensamiento. Y si esto suena agotador, recuerda James 4:7:
"Someteos, pues, a Dios. Resistid al diablo, y huirá de ti."

Como comenzar a reconocer que la negatividad viene del
Reino demoníaco y no de ti mismo, puedes resistirte a esos
pensamientos. Resistir con un simple, "en nombre de Jesús,
no." Puede rechazar los pensamientos, en nombre de Jesús. Podría
escribir todo un libro sobre lo que "en nombre de Jesús" significa,
pero para simplificar, como cristiano, habla en la autoridad de
Cristo. Jesús conquistaron el diablo y sus seguidores y tienen que
obedecerle. Si sabes la autoridad entras y hablar en su nombre,

tienen que obedecer también.

Puesto que los demonios como causar problemas *sin ser observado*, al reconocer el origen de los pensamientos y resistir en nombre de Jesús, depende de su juego. Como te resistes esos pensamientos, ellos eventualmente huir de ti y vaya a molestar a alguien que es más fácil de engañar. Usted encontrará los pensamientos malos y despectivos pasando cada vez menos. Les gusta volver de vez en cuando para probar y ver si sigue puede reconocerlos, pero sigue resistiendo esos pensamientos y eventualmente desaparecen.

Negatividad, odio, orgullo, adoración de nada más que de Dios viene de los espíritus malignos que se han establecido como sus enemigos.

Para más estudios sobre el tema de los gigantes, les recomiendo los siguientes recursos:

1. *Genesis 6 gigantes, maestro constructores de Prehistoria y civilizaciones antiguas*, por Stephen Quayle. También, sitio web de Steve tiene un montón de información: <u>**www.genesis6giants.com**</u>

2. *Descubrir los antiguos gigantes*, por William A. Hinson

3. *los antiguos gigantes que gobernaron América, los esqueletos de faltantes y el gran encubrimiento del Smithsonian*, por Richard J. Dewhurst

4. *gigantes, hijos de los dioses*, por Douglas Van Dorn

El que está en ti es más fuerte que el enemigo

Si confiar y creer en Jesús y pidiéndole que sea tu señor, te ha sellado con su Espíritu Santo. Eso significa que vive *en* ti. Eso significa que tiene mejor acceso a hablar más. ¿Recuerdas las escrituras, "El que está en ti es mayor que el que está en el mundo". (1 John 4:4).

A menudo me recuerda cuando estoy preocupado sobre qué voz escucho es mucho más fuerte que el enemigo y lo oigo.

Capítulo 6

LA VOZ DE DIOS

La voz de Dios

"Dios no es un hombre, que él debe mentir, ni hijo de hombre, que debe cambiar su mente. ¿Él habla y entonces no actuar? 23:19 repone hace prometer y no cumplir?"

Dios es un cajero de verdad. Él ama la verdad. *"Hacerlos Santo por tu verdad; les enseña su palabra, lo cual es verdad." John 17:17* usted encontrará que su personaje está en agudo contraste con el enemigo. Eso lo hace muy fácil determinar quién está hablando, mientras conoces la verdad de la palabra de Dios para comparar el pensamiento y la intención de Dios y la postura hacia usted.

Me encanta leer el antiguo testamento. Mi esposo piensa que estoy loco (por supuesto su mayor en la Universidad era el nuevo testamento, así que puede estar sesgado). Pero me encanta leer el antiguo testamento porque siento que tengo ideas sobre el carácter de Dios allí. Pero sinceramente, el antiguo testamento es un antiguo pacto. Una cosa que muchos en la iglesia parecen que no entienden es que Dios cancelaron el antiguo pacto para hacer válido el nuevo testamento. Esa declaración puede pisar un montón de dedos de los pies, pero es justo ahí en Hebreos 10:9. Hablando de la antigua Alianza, dice, "a ver, he venido para hacer tu voluntad. *Quita el primero* para establecer al segundo. El antiguo pacto está hecho. Se le quitaron. El nuevo pacto no completa del antiguo testamento en que ahora seguimos a ambos. Eso no es bíblico. Tuvo que quitar el primer pacto para establecer al segundo. La segunda es mejor; el segundo es para nuestro tiempo en la historia.

Eso no significa que no deberías leer o sacar algún provecho del antiguo testamento; Eso significa que ya no se aplican las leyes presentadas en él. Tuvo que ser llevado a establecer el nuevo. El nuevo ha llegado, en la carne.

Así que, si están tratando de descubrir a Dios, leyendo el antiguo testamento solo no va a ayudar en muchos frentes. En el antiguo testamento, Dios tenía una postura diferente hacia nosotros. El antiguo pacto requiere sacrificios de sangre para nosotros acceder a Dios. El Espíritu Santo no vivió dentro de nosotros en aquel momento tampoco. Dios quería que ser redimidos y bien. Trajo un nuevo y mejor pacto donde se cumplen los requisitos para nosotros ser redimido en Jesús. Ha cambiado la postura de Dios hacia nosotros. En vez de siervos, somos hijos. Somos perdonados. Nos son vistos a través del sacrificio de Jesús y ahora estar justificados ante Dios. Esta es la "buena noticia". Ya está todo hecho! Postura de Dios hacia nosotros es amar la bondad. Estamos en una dispensación de gracia y autoridad se ha dado a nosotros para atar y desatar las cosas de este mundo (Mateo 18:18).

Cuando confiamos en Jesús como nuestro Salvador, Dios pone su Espíritu Santo dentro de nosotros y su espíritu habla sabiduría en nuestras mentes. Segunda de Corintios 6:16 tiene una de las mayores promesas del Señor a los creyentes;"Moráis en ellos y caminar entre ellos. Yo seré su Dios y ellos serán mi pueblo". Que vive en nosotros. Él puede y hablar con nosotros! Dios quiere vivir y habitar entre nosotros! Paul más se basa en este pensamiento en Efesios 2:22 con "Estamos construyendo juntos para morada de Dios en el espíritu."

Sus palabras reflejan siempre verdad. Tu mente escucha los pensamientos y tiene que interpretar si es Dios hablando o no. Cuando tu mente se renueva por conocer la palabra de Dios, puede reconocer la voz de Dios en un instante por comparación con la palabra ya sabe.

Aquí están algunas escrituras para ayudarle a reconocer las características que tendrá la palabra de Dios cuando él está hablando.

Amor (1 Corintios 13:4) el amor es paciente, el amor es amable. No envidia, no lo hace presumir, no es orgulloso. (1 John 4:8) Quien no ama no conocen a Dios, porque Dios es amor.

Alegría (Gálatas 5:22) mas el fruto del espíritu es amor, gozo, paz, paciencia, generosidad, bondad, fidelidad,

Paz (Colosenses 3:15) que la paz de Christ gobierne en sus corazones, puesto que como miembros de un cuerpo fueron llamados a la paz. Y estar agradecidos.

Paciencia (Romanos 12:12) ser alegre en la esperanza, paciente en aflicción, fiel en la oración.

Bondad (Efesios 4:32) ser amables y a otros, perdonándoos unos a otros, como Dios también os perdonaron.

Intrepidez (2 Timoteo 1:7) porque Dios no nos ha dado un espíritu de timidez, sino un espíritu de poder, de amor y de la auto-disciplina.

Gracia (Santiago 4:6) pero nos da más gracia. Es decir por qué la escritura dice: Dios resiste a los soberbios pero da gracia a los humildes."

Santo (Heb 7:26) es el tipo de sacerdote que necesitamos porque es Santa y sin mancha, sin mancha de pecado. Él se ha fijado aparte de los pecadores y se le ha dado el más alto lugar de honor en el cielo.

Hospitalidad (Romanos 12:13) compartir con el pueblo de Dios que están en necesidad. Practiquen la hospitalidad.

Lealtad (Proverbios 17:17) un amigo ama en todo momento, y un hermano nace por la adversidad. * Nota: nos ha llamado sus amigos! (1 John 3:1)

Perseverancia (Gálatas 6:9) y que no nos cansemos de hacer bien, para en debida temporada cosecharemos, si no damos arriba

Apoyo (Gálatas 6:2) soportar las cargas de los otros y cumplid así la ley de Cristo.

Tacto (Colosenses 4:6) su discurso siempre sea cortés, sazonado con sal, para que sepáis cómo debería responder a cada persona.

Tolerante (1 tes. 5:14) y le instamos a vosotros, hermanos, amonestan, [a] alentar el pusilánime, a los débiles y seáis pacientes con todos.

Entendimiento (Salmo Enséñanos) enséñanos a contar nuestros días, que podemos ganar al corazón sabiduría.

Virtuoso (Colosenses 3:12-17) Ponte pues, como elegidos de Dios, Santos y amados, compasivo corazón, bondad, humildad, mansedumbre y paciencia, teniendo uno con el otro y, si uno tiene una queja contra otro, perdonándoos unos a otros, como el Señor los perdonó, así también debe perdonar. Y sobre todo éstos ponen en el amor que une a todo en perfecta armonía. Y la paz de Christ gobierne en vuestros corazones, a la cual en verdad fuisteis llamados en un solo cuerpo. Y ser agradecido. Deja que la palabra de Cristo habite en ti rico, enseñanza y amonestar a otros en toda sabiduría, cantando salmos himnos y canciones espirituales, con agradecimiento en vuestros corazones a Dios. Y hagas lo que hagas, de palabra o de obra, hacer todo en el nombre del Señor Jesús, dando gracias a Dios el padre a través de él.

Esto es en ninguna manera una lista exhaustiva, sino simplemente una guía para ver lo maravilloso que son las características de Dios y que su voz debe reflejar en su vida. Su postura hacia ti es favorable. Él no habla de miedo o daño a usted.Conocer las intenciones de su enemigo y de su Dios y con razón discernir y tomar cautivos todos los pensamientos que entran en tu mente.

Aprender a escuchar su voz

"El señor está cerca de todos los que invocan, a todos los que le invocan en verdad." (Salmos 145:18)

"Nadie cuya esperanza está en ti nunca se pondrá a vergüenza..." (Salmos 25:3)

Si estás tratando de escuchar su voz y llama en él hablar con usted, él promete estar cerca. Si estás deseando escucharlo, no serás avergonzada o avergonzado. Ser estimuladas. Él vendrá a través. Hablará y aprenderás a escucharlo.

Y Jesús se acercó y les hablaban diciendo: *"toda la autoridad del estado Me ha dado en el cielo y en la tierra." 28: 18 –Matthew*

Verdaderamente es autoridad sobre tu enemigo y quiere ayudar a caminar en su autoridad también. Su voz y la voz del enemigo pueden discernirse claramente mirando el corazón/intenciones/postura detrás de los pensamientos.

Discernir entre su propia voz y de Dios

Una de las preguntas más grandes en lo que respecta a oír la voz de Dios la gente pregunta es cómo saber la diferencia entre nuestra propia voz y de Dios. De hecho, el obstáculo más grande que he tenido en terminar este libro estaba decidiendo cómo escribir sobre este tema.

Tengo un amigo que era pastor de una iglesia muy grande. Me dijo que cuando él y su equipo estaba rezando sobre su proyecto de edificio recibido cientos de cartas y comentarios de personas que decían tener *noticias de Jehová* con respecto a la dirección que deben tomar. Muchas de las *palabras* eran diferentes, y bajó su fe en la habilidad del hombre para oír a Dios hablar. ¿Qué pasó aquí? Vamos a explorar y descubrir. Para obtener las respuestas que necesitamos, tenemos que volver al jardín.

Nuestros espíritus fueron diseñados para recibir la sabiduría de Dios

En primer lugar, déjenme poner algo de terreno. Somos seres espirituales (números 16:22) que viven en un cuerpo caído (Génesis 3:1-24), terrenal (Génesis 2:7). Fuimos creados para estar en relación con nuestro padre. Así como el Espíritu Santo y Jesús están en Trino relación con Dios el padre (1 John 5:7), invitaron a ser parte de esa relación (Efesios 2:18). Su comunicación de espíritu a espíritu (Romanos 8:14), y estamos ahora conectados a Dios de esta manera, recibir sabiduría (Santiago 1:5) de Dios cuando lo necesitamos. Este diseño fue creado por Dios y es bueno. Se derrama el Espíritu Santo y nosotros estamos sellados con él (Efesios 1:13). Su espíritu ahora reside en nosotros y puede hablar con nosotros en cualquier momento.

Cuando nacemos en el mundo, no sabemos nada. Somos pizarras en blanco. Tenemos que ganar sabiduría para crecer y madurar. Creo que el ser humano es típicamente siempre en un estado de querer crecer en sabiduría.

Cuando Adán y Eva en el jardín, fueron mandados a no comer del árbol del conocimiento del bien y del mal. ¿Por qué crees que es? ¿Podría ser porque ya tenían acceso a una forma más perfecta de aprendizaje? ¿El árbol del bien y del mal sería un paso hacia abajo de lo que ya tenían? Dios habían llamado todo lo "bueno" en el jardín y que ahora estaban eligiendo "bien y el mal."

Dos más dos son cuatro, excepto cuando es cinco

Esta es mi opinión sobre lo que representa el árbol del conocimiento del bien y del mal. *Pura lógica carente de visión de Dios* proviene del árbol del conocimiento del bien y del mal. Puede ser correcto en y por sí mismo, o puede ser mal porque le falta conocimiento de aquel que todo lo había creado.

Dos gusanos además dos gusanos equivale a cuatro gusanos planos, excepto si cortas uno por la mitad. Si lo haces, no tendrás tres gusanos y gusanos muertos uno, tendrá cinco gusanos, porque Platelmintos regeneran desde ambos extremos.

Para la persona que va por la lógica sólo, habrían detenido a las dos más dos son cuatro. Para la persona con visión relacional de quien creó los gusanos planos y las matemáticas, entiende que a veces dos más dos pueden ser cinco.

Cuando Eva vio el fruto del árbol era bueno para la alimentación y agradable a la vista, y también deseable para adquirir sabiduría, tomó algo de él y se lo comió. (Génesis 3:6)

La fruta era deseable para adquirir sabiduría. Sin embargo según Génesis ya tenía acceso a sabiduría perfecta de su relación con Dios el padre. Por desear la fruta que le dio sabiduría, ella estaba escogiendo a aprender sin ayuda o conocimiento de Dios. Ella había creído la mentira de que había algo más, que podría ser sabio en su propia sin Dios.

Su marido también comió la fruta y los dos estaban a punto de descubrir qué vida con lógica pero no tengo ni idea del creador sería como.

Las maldiciones que vinieron sobre ellos involucrados sus cuerpos físicos. El hombre ya no tendría conocimiento de Dios cuando vino a cuidar la tierra; aprendería por golpes y el sudor de su frente cultivar alimentos. La mujer que no parir fácilmente ahora, pero a través de un estado caído y sin penetración en el proceso de quien hizo el proceso, el parto sería algo doloroso. Las tareas de su vida ya no sería fáciles. Bajo la maldición, que es básicamente la vida sin Dios y su sabiduría, tendrían que resolver las cosas por su cuenta, cuál es la manera de hacer las cosas difícil.

El Señor Dios dijo, "el hombre se ha vuelto como uno de nosotros, sabiendo bien y el mal." Al parecer, antes de este acto pecaminoso, hombre sólo conocía bien. Íbamos a estar conectado a Dios en espíritu desde el principio, sabiendo su bondad y sabiduría y vida y probablemente vivir para siempre en ese estado (porque Génesis 3:23 nos dice que había un árbol de la vida).

Ahora, la raza humana nace en este estado *caído* , confiando sólo en nuestra lógica para aprender. Nacemos sin el conocimiento perfecto de Dios, sin la relación. La relación tiene que ser restaurado o "nacido de nuevo" antes de que otra vez tenemos acceso a la sabiduría de Dios.

La relación íntima con Dios fue cortada con Adán y Eva, y así Dios presenten un plan para salvar a la humanidad de esta rota la relación. Él envía a Jesús a morir como un sacrificio para pagar el precio por el pecado de la humanidad y para restaurarnos a una relación correcta con Dios otra vez. "Porque tanto amó Dios al mundo que dio a su único hijo, que todo aquel que en él cree no se pierda, pero tienen vida eterna." (John 3:16) Así que si usted cree en Jesús y recibe su sacrificio para cubrir su pecado, la Biblia dice que tendrás derecho a comer del árbol de la vida eterna! También dice que su espíritu nace de nuevo! (John 1:12-12, Ezequiel 11:19)

¿Qué va a tener un nuevo espíritu? Este nuevo espíritu vuelve a estar en comunión con Dios, al igual que Adán y Eva fueron antes de la caída. Porque "mis ovejas oyen mi voz y yo las conozco (John 10:27)," ahora tienes acceso a su conocimiento sobre todas las cosas. Usted está conectado con la buena sabiduría de Dios, sin embargo, todavía tienes conocimiento del mal. Es decir, todavía tienes la posibilidad de elegir quien creó todo lógica sin conocimiento de Dios sobre la audiencia.

Dios estáen en ti y en él. Habla con tu espíritu y te da la sabiduría, pero su cerebro todavía puede optar por tomar decisiones lógicas sin su conocimiento. Hasta el final de esta edad, esta será nuestra situación. Tendremos que elegir entre la sabiduría de Dios y la sabiduría del hombre. Por esta razón debemos aprender cómo discernir claramente la voz de Dios dentro de nuestras mentes, para que podamos caminar constantemente en el conocimiento de Dios.

Volver a llevar a cautivo todo pensamiento

La Biblia nos instruye a ' llevando cautivo todo pensamiento. " (2 Corintios 10:3-5). Cada pensamiento debe ser analizado y antes de que usted decide compartir con alguien algo crees que Dios te ha dicho, tienes que analizar y poner los pensamientos a prueba para asegurarse de que realmente está transmitiendo algo que Dios ha hablado.

En la iglesia donde mi amigo pastor recibido contradictorias *palabras de Dios* a la gente en la congregación con respecto a su proyecto de construcción, creo que muchas de esas personas no estaban escuchando la voz de Dios. Creo que estaban ofreciendo opiniones basan en la lógica carente de visión de Dios. En otras palabras, estaban descansando en la lógica sin entrada relacional de Dios.

Sin oír claramente la voz de Dios, tiene sentido sus opiniones a sus mentes y probablemente pensaron que eso si *tiene sentido lógicamente a ellos*, era Dios mostrándoles el camino que debe hacerse.

Además de mishearing, muchos de los que habló no en autoridad sobre o en una posición para hablar sobre este asunto en la vida del pastor. No han ofrecido opinión como una *palabra de Dios*. Opinión siempre está bien compartir, pero hay una gran diferencia entre una opinión lógica y divinamente inspirada *palabra* de Dios.

La voz de tu alma

Cuando se trata de escuchar la diferencia entre nuestra propia voz y de Dios, porque todavía estamos en un estado caído, yo diría que nuestra propia voz *es una combinación de nuestra lógica sin visión de Dios y algo en nosotros que ha sido restaurada por la obra del Espíritu Santo*. Si una persona ha rechazado a Christ y no es un creyente, están caminando en la lógica pura sin discernimiento divino. Si una persona ha aceptado que Jesús es el hijo de Dios y lo invitaron a sus vidas, están en un proceso de renovación y restauración y nuestros propios pensamientos reflejará donde estamos en ese proceso.

Somos recolectores de información. Como seres humanos, nacemos sin conocimiento. No sabemos quién somos o quien es Dios desde su nacimiento. Al principio nosotros no tienen voz (excepto al gritar cuando no estamos cómodos!) Sólo conocemos el malestar y el deseo físico y como crecemos naturalmente tratamos de alimentar el primero y el segundo de hambre.

Es mi opinión que como crecemos, reunir información y luego decide aceptarla o ignorarlo. Si lo aceptamos, lo llevamos y se convierte en una parte de nosotros. Si esa información llega sin ningún conocimiento de nuestro padre quien creó el mundo, entonces la información es puramente lógico y a veces mal. Formamos opiniones basadas en el conocimiento que hemos traído en y con el tiempo, esas opiniones representan nuestra propia voz. Nos convertimos en un reflejo de la información que hemos reunido y aceptado. Como el tiempo pasa averigua quién nos basamos en lo que hemos descubierto que nos gusta y disgusta, lo que de acuerdo y en desacuerdo sobre. Eso es parte del descubrimiento de la vida!Originalmente fuimos diseñados para caminar a través de ese proceso en relación con el padre, así que podría darnos conocimiento divino en nuestro descubrimiento. El proceso debía para ser una alegría! Se suponía que era emocionante!Íbamos a descubrir a él y a nosotros mismos todos al mismo tiempo!

En cambio, sin su conocimiento, vamos por ahí llamando 2 + 2 como 4 cuando a veces es 5. En nuestra lógica humana carente de visión de Dios, nos topamos con callejones sin salida, cosas que no tiene sentido y tienen totales vidas frustradas.En nuestra ceguera nos damos nuestro puño contra Dios y decir, "Dónde estás? La vida no es justa!"

Pero cuando se restablece la relación con Dios en una persona, caminos torcidos son rectos. Montañas y valles pueden nivelarse (figurativamente). Callejones sin salida pueden convertirse en nuevos comienzos. Y cuando las cosas son difíciles, tenemos un pastor que nos guíe a las aguas.

Al estudiar la palabra de Dios y averiguar más acerca de quién es él, el Espíritu Santo comienza pasando por las capas de que nos estamos, formados en los años. Nos da la sabiduría de Dios para ayudar a corregir las cosas que se aprendieron incorrectamente.

Agita hasta partes de tu vida que fueron desarrolladas a través del conocimiento sin conocimiento de Dios (la sabiduría del árbol del conocimiento del bien y del mal) y él inserta su perspicacia para que puedes ser sanado y restaurado. Es un proceso que podría tomar el resto de su vida, pero es un proceso de curación que restaura lo que tenías que para ser. Si creciste en una iglesia denominacional, puede haber oído la santificación del término. Eso es lo que se llama este proceso.

Si has aprendido a reconocer la voz de Dios conociendo su palabra, su postura hacia nosotros y su carácter, y aprendieron a reconocer la negatividad del enemigo, todo lo demás puede ser contado como tus propios pensamientos – porque tus pensamientos reflejan tanto las cosas malas que todavía no han sido renovadas y las cosas buenas que han sido restauradas por la palabra y el Espíritu Santo. Hasta que tengamos nuestros nuevos cuerpos resucitados, reflejaremos una mezcla de bien *y* mal, espero que cada vez más con la buena!

Resumen:

El enemigo de voz : Causa daño, miedo, pánico, no hay paz, duda, negatividad. Puede perseguir la adoración de otras cosas.

Tu propia voz: Lógica y opinión basan en información que ha reunido y aceptado durante toda la vida. Puede ser bueno, puede ser maligno. Hemos comido del árbol del conocimiento del bien y del mal así tenemos seco lógica y sabiduría inspirada para escoger.

La voz de Dios : Conforme a la palabra de Dios, paz (o falta de ella) viene con él. Es amante de naturaleza hacia usted y puede incluir que eres consciente de tu propia sabiduría. Esta es la voz para enfocar y aprender a reconocer más.

Renovar tu mente es la clave

"No se ajustan más al patrón de este mundo, sino transformaos mediante la renovación de vuestra mente. Entonces usted será capaz de probar y aprobar lo que la voluntad de Dios es--su voluntad buena, agradable y perfecta (Romanos 12:2).

Nuestra mente es el filtro que atraviesan todas las voces y pensamientos. Es lo único que podemos concentrarnos en mejorar para que le podemos escuchar mejor. Está en nuestras mentes que tendemos a cometer errores al oír la voz de Dios. A veces, cuando nos errar, no es que no lo oímos, es que no sabíamos qué hacer con lo que oímos. O, fuimos incapaces de discernir entre la voz de Dios y la voz del enemigo y atribuimos a Dios lo que salió de la boca de la serpiente.

Nuestro filtro tiene que ser renovada con la palabra de Dios para filtrar adecuadamente tanto el bien y el mal. Cuanto más estudias la Biblia y sobre todo el nuevo testamento, más usted será capaz de discernir correctamente los pensamientos en su mente y sus orígenes.

Wendy Selvig

Capítulo 7

ESCUCHANDO A DIOS A TRAVÉS DE MOMENTOS EMOCIONALMENTE CARGADAS Y TUMULTUOSAS

Hace unos años Erik y yo compramos una casa. Me había olvidado lo difícil que puede ser a tener confianza en lo que has oído de Dios cuando te enfrentas a una batalla emocional. Puede haber un montón de estrés involucrados en el proceso de compra de casa.

Para mí fue difícil porque estaba involucrado. Me enamoré de la casa inmediatamente y dejar que mis emociones, todo envuelto en la compra. Imaginé que nuestros muebles en la casa. Imaginé que nuestros niños jugando en sus nuevas salas.Me regocijé en un lugar lo suficientemente grande para sostener nuestra gran familia extendida. Se había convertido en una parte de nuestra familia ya en mi mente. Y cada vez que oímos malas noticias sobre el proceso de préstamo, mis emociones sería conseguir discontinua sobre las rocas de temor y me realmente molesto.

Si me siento así sobre una casa, sólo puedo imaginar lo difícil que es cuando uno se enfrenta a una enfermedad mortal a un ser querido. O por qué perder una casa en una ejecución hipotecaria y no saber dónde usted aterrizará. Llaman a situaciones difíciles para oír claramente la voz de Dios. Este tipo de situaciones son lo que llamamos *las tormentas de la vida*, y todos tenemos momentos donde nos aventuramos en estas aguas.

Con respecto a la casa, antes de llegar lejos en el proceso de préstamo fui delante del Señor en la oración de ello. Él me habló sobre la casa, me asegurando que iba a ser nuestro. Y aunque sabía que había oído, todavía estaba muy tentado a ser sacudido por las olas emocionales cada vez algo dio un giro hacia lo peor. Sus palabras fueron el ancla que sostuve en cuando escuché que el préstamo no puede pasar, o que un acreedor no estaba respondiendo a una petición.

No había oído de él, el estrés del proceso podría haber rayadas me en pedazos. Pueden sonar extremos, pero nos habíamos estado tratando de comprar una casa durante años. Un año antes, estábamos comprando una casa distinta y el trato había caído durante tres días antes del cierre. Perdimos el trato y tenía que encontrar un lugar para alquilar inmediatamente. Fue estresante y desgarrador. No fue una divertida experiencia y yo tenía mucho miedo de que eso pase otra vez.

Aquí están las palabras de Jehová, que yo escribí en mi diario que me ancla de la tormenta: "haré caminos torcidos recta. Haré las montañas y valles en senderos rectos. Mírame a Wendy como hago esto para usted. ¿Quieres entonces creer que estoy aquí? ¿Que realmente te amo? Que realmente quiero hablar con usted sobre una base diaria. ¿Finalmente verá que yo soy un guerrero poderoso y que puedo hacer estas cosas, por decirlas? Yo lo digo. Es SO. Esta casa es la casa de la familia Selvig. No debe ser tocado por el enemigo de cualquier forma. No tener influencia de los hombres mundanos o espíritus enojados. Estoy preparando un perímetro alrededor de la casa, fresco y nuevo. Ningún mal se impondrá más allá del perímetro. Mi paz. Mis ángeles. Mi reino vendrá a la tierra en su casa. Sus hijos serán bendecidos allí. Su matrimonio será bendecido allí. Mi espíritu descansará allí, y muchos lo detectará. Milagros pasará allí. Vida derramará de las puertas.No temáis. Ya lo he visto y ya está. Descansa en mí, tu rey. Ahora, esperar y confiar en a ver."

Wow. ¿Qué es un rey! ¿Cómo puede dudar después de escuchar algo así? Bueno, créeme, puedes. ¿Cómo puedo saber? Porque lo he oído y en mi núcleo interno en que sabía que era él, pero me temo que sigue siempre de poner mis pensamientos cuando pienso que le escucho. Tengo miedo de decirme a mí mismo lo que quiero escuchar. Y así que no dudo de su bondad, dudo que mi propia capacidad de oír.

Así que mientras yo quería creer que Jesús habló a mí, a veces miraba las olas y el miedo y la duda y encuentro se hunde como Pedro hizo lo que estaba tratando de caminar sobre el agua hacia Jesús. Aún Jesús extendió su mano y le ayudó a caminar por tenerlo a mirarlo.

Creo que hay una gran lección sobre la fe. Si creo que Jesús habló a mí, necesito escuchar lo que dijo. Yo lo creía, y después de una pequeña batalla en mi corazón, elegí a no escuchar a los altibajos que vino con respecto a esa casa. Mis emociones ya no podían montar esas olas. En su lugar he decidido mirar hacia adelante a Jesús, caminar sobre el agua y que me tire a la seguridad.

Entonces, al igual que el año anterior, tres días antes de concluir en esta casa el trato fracasó completamente. El banco había faltado a una de nuestras fuentes de ingresos e hicimos demasiado ingreso para calificar para el préstamo que habíamos solicitado. No calificamos para los otros préstamos. Parecía que el trato iba a fracasar completamente. Cuando escuchamos esa noticia nos podríamos haber dejamos se hunden en la desesperación. En su lugar esperamos tranquilamente por el señor a intervenir porque dijo que era nuestra casa. Fui a mi habitación y rezó por él en fe. Jesús había dicho era nuestra casa, así que esto era sólo un "Hipo".

Unas horas más tarde sonó el teléfono. "La señora Selvig?" El empleado de hipoteca cuestionado ya contesté el teléfono. "No puedo creerlo, pero hemos encontrado un programa de préstamo completamente diferente que no sabía nada. Usted califica y no sólo no tienen que llenar cualquier nuevo papeleo; Obtendrá una tasa de interés aún más baja. Podemos proceder a cerrar como si nada hubiera pasado".

Santiago 1:6 dice que el que duda es como la onda del mar, impulsada y sacudido por el viento. Si elijo cada ola que me golpeado por las olas. Elegir a dudar es una opción para ser conducido por las emociones y las circunstancias. Si decido confiar en la palabra el Señor habló a mí en mi tiempo de oración, puedo montar a través de la tormenta constantemente incluso como ondas intentan tirarme sobre. Escuchando la voz del Señor es importante para que usted puede enfrentar las tormentas de la vida con confianza. No me imagino caminando por la vida sin escuchar mi pastor me diga hacia dónde ir.

A Prueba De Robo

Una historia Personal acerca de escuchar la voz de Dios:

Len y Dagmar Weston son pastores en Piet Retief, Sudáfrica. Esta es su historia:

"Nosotros, una familia de cinco, como los estudiantes teológicos y haber estado en los Estados Unidos durante ocho años, habíamos solicitado una tarjeta verde. Se habían negado & con la negación nos hubieran dado ocho días a Estados Unidos. Como puede ser imaginado, nuestras emociones estaban haciendo flip-flop, un momento que estábamos confiando en Dios, el siguiente allí serían agitación y nos mira las circunstancias & luego experimentar miedo comprensible.

Una noche nos dirigíamos y estaba rezando, que fue algo como esto: "Señor, tú sabes nuestra situación. Nos llevan a Sudáfrica de la misma manera dramática en la que nos has llevado fuera de los Estados." y en mi mente imaginativa fértil estaba conjurando una persona que estaría esperando en la puerta de llegadas en el aeropuerto internacional de Johannesburgo que fue dicha por Dios en busca de una familia de cinco.

El plan de Dios era diferente. ¿Inmediatamente después de mi oración experimentó una voz – o era un pensamiento? – una voz de pensamiento-que estuvo acompañada por la inmensa paz. Y este pensamiento-voz comunicó este mensaje increíblemente alentador: "igual que te deleitas en y mira hacia adelante para dar a sus hijos un regalo inesperado, es con la misma expectativa deliciosa que estoy esperando para darte el regalo de donde te estoy llevando". Eso fue todo.Simple, eficaz y más importante aún, trajeron la paz. Eso fue suficiente para mí. Ya no necesitaba a alguien que nos encontraremos en el aeropuerto, no necesitaba saber donde en Sudáfrica que íbamos a vivir, Dios tenían en control y eso fue todo lo que necesitaba saber.

No tenía forma de saber que nos lleve a un pequeño pueblo en Mpumalanga, en el noreste del país.

Cuatro meses más tarde, en la iglesia nos sentimos Dios nos habían conducido en la ciudad de Piet Retief, el señor suavemente me recordó lo que me hubiera dicho hace meses de noche. Otra vez él *habló* conmigo como un pensamiento en mi mente: "ves? Esto es lo estaba deseando darte!"

Capítulo 8

PARA COMPARTIR O NO COMPARTIR, ESA ES LA PREGUNTA

Escuchar una sola palabra de Dios acerca de otra persona

Una vez que empiezas a sentir seguro de que el señor está hablando a ti en tu vida personal, él puede compartir algo con usted acerca de otra persona. Usted puede obtener una idea de la vida de esa persona o situación, pero luego tendrás que decidir qué hacer con esa información.

Uno de los mayores errores que hacemos al aprender a escuchar su voz en relación con otras personas es pensar que debemos para compartir el conocimiento con ellos. A menudo el resultado nos tonto o a la persona ser avergonzado. ¿Por qué Dios compartir algo con nosotros si no deberíamos revelarlo? La respuesta es simple. Es porque estás en una relación con él. Él es un padre y un *hijo* (o hija). Él quiere relación con usted y quiere compartir las cosas en su corazón que puede ayudar con. ¿Cómo puede ayudar y cómo puede ayudarle este conocimiento? Te conecta con el cuerpo y si tú rezas, crezcas en tu amor hacia esta persona sufriendo y realmente puedes ayudarles con sus oraciones.

Iría como lejos como para decir si no tienes una revelación muy clara que vas a hablar con la persona, o estás en autoridad directa o en relación con la persona, que debe asumir que su única función es guardar silencio sobre la revelación y a orar por ellos.

En los capítulos anteriores he contado varias historias donde el Señor me reveló algo de alguien, pero no tuve ninguna relación con esas personas y no sabía qué hacer con la información. Cuando él me reveló un oscuro y grave pecado sobre un hombre que trabajaba con, yo clamé a Dios, "¿por qué has enseñado para mí? yo no tengo una relación con él o con cualquier motivo para hablar en su vida. ¿Qué propósito tiene que mostrarme?"

Yo no pedí al señor esa pregunta y había plantado cara al hombre, ¿quién sabe qué habría pasado? No habría hecho su situación será mejor; Probablemente habría sólo ridiculizado y más avergonzado. El Señor me habló y dijo: "Te dije así que usted puede orar por mi hijo". Él quería participar en su cuerpo y me pidió que oren por mi hermano, que estaba a punto de cara pública ridículo cuando la noticia se ha soltado de sus acciones. Dios hubiera querido que orar y ganar su perspectiva sobre su hijo, no juzgar ni confrontarlo con lo que Dios habían compartido conmigo.

Relación y autoridad

Dios es grande en las relaciones y autoridad (Romanos 13:1, Hebreos 12:17, 1 Peter 2:18-20, 1 Timoteo 5:17). Si usted está no en relación o en autoridad sobre una persona, deberías pensar mucho antes de compartir *una palabra*. Jesús mismo llama a un amigo que está más cercano que un hermano y realmente creo que si usted está en una profunda amistad o una relación con alguien, usted está dispuesto a escuchar con tu corazón a lo que tienen que decir. Por lo tanto, si estás en una relación con alguien que habla de Dios con usted, debido a la relación, te escuchará. Si tiene autoridad sobre una persona, tienen que escucharlo. Dios usará la posición o relación que está en hablar con esa persona. No creo que él elegiría a alguien que está fuera de la relación o autoridad para hablar a menos que él tiene que. Dios son personal. Si usted habla de una persona no está en autoridad sobre, y no en relación con, debe asumir que su rol es orar y guardar silencio.

Si usted es un ministro en un servicio de la iglesia y el Señor le da una palabra para alguien que no conoce, como el *Ministro* que está en autoridad en ese servicio y técnicamente calificar para darle a alguien una palabra. Si eres un diácono o un líder en la iglesia y el Señor te da una palabra, también califica. Estas no son las directrices bíblicas; son sólo las pautas de sentido común. Te protegerán y la persona que escuchó la palabra de como se aprende a escuchar la voz de Dios.

Hay excepciones a cada regla y es posible que el Señor te usará para hablar con alguien no sabe. Sé de situaciones donde una persona tiene en su vida que es capaz de escuchar a Dios y Dios usa nadie alguien fuera de su círculo de amigos o influencia a hablar con ellos. Sólo pido que tenga cuidado y que tenga mucho cuidado si crees que Dios está pidiendo hablar con alguien con quien usted no tiene relación ni autoridad. Pido a Dios que confirman que de otra manera antes de hablar, sólo para estar seguros. Él puede simplemente dado una palabra para que usted puede orar.

Wendy Selvig

Capítulo 9

Evitando la descamación.

El arte de aprender a no ser escamosa

Me gustaría no tener que incluir este capítulo, pero mucho está en juego. Si no utilizas la sabiduría y el discernimiento con la gente a tu alrededor mientras aprendes a escuchar su voz, errores pueden hacer que puede convertir a la gente de Dios. Hasta que sabes que sabes lo que su voz suena, creo que es importante tomar especial precaución a practicar escucharlo a la vista y conocimiento de otras personas. Esto puede sonar duro, pero todo lo que realmente significa es que no deberías decir a otras personas lo que estás escuchando hasta que está seguro de que Dios está escuchando.

Alto civismo

La primera cuestión que debe abordarse es el de alta mentalidad y pensar en uno mismo más altamente que usted debe. Es una trampa fácil pensar que eres más espiritual que otras personas si usted puede oír la voz del señor. Lo que humanamente tiene sentido.¿ Si tuvieras una pareja donde la mujer oye la voz del Señor, pasa mucho tiempo orando ve visiones, etc. y su marido no hace nada de esto aunque ama Dios, que te dicen es el más espiritual? La mayoría diría que la mujer es más espiritual.

Pero con Dios, todo es espiritual. Todo el mundo es espíritu. Él se deleita en sus hijos. Su espíritu está dentro del esposo y la esposa. En los dos y mientras que puede beneficiar a la mujer más para poder escuchar mejor su voz, no creo que Dios le ve como más espiritual o más importantes. Dios es el mismo. Siempre está hablando a todos nosotros. Nosotros somos los receptores. Nuestras antenas tampoco lo recoge o no, pero Dios no nos aman más si lo recogemos mejor. Este concepto es muy importante si vas a aprender cómo *no ser escamosa*. Si empiezas a pensar un poco mejor que otros, la gente tratará de recoger en lo. La gente puede recoger en incluso un pequeño toque de alta mentalidad y casi inmediatamente se desactivan cuando lo detectan. El enemigo lo utilizará para destruir a su testimonio y otros se apagan para lo que tienes que decir. Permanecer humilde.

Es para nuestro beneficio que oímos la voz del señor. Es hablar y amar y nos acercaba todo el tiempo. Quiere que sus hijos para venir a él, por supuesto, pero no deberíamos caer en la trampa de ser crítico y pensando que somos mejores o más merecedores que nadie porque nos hemos afinado en nuestros receptores a Dios más que a otros.

Compartiendo una idea o una palabra cuando no debería

He discutido esto en capítulos anteriores, pero es una gran

parte de no ser escamosa. Cuando Dios algo sobre una persona comparten con usted, yo creo que no debe compartir con la persona a menos que usted tiene una buena relación con ellos o si estás en autoridad directa sobre ellos. Esto es simple sentido común. Si sientes que Dios te está diciendo lo contrario en una situación, pídele que confirmarlo en 2-3 maneras porque iba a ser la excepción, no la norma.

Dios habla a la gente acerca de otros, pero a menudo es que a ti no te juzgarán los. A menudo es darle perspectiva para que le encantan, orar por y apoyarlos. Somos un cuerpo y él quiere que todos estar conectado y para apoyarse mutuamente. También habla con nosotros acerca de otros así podemos ganar su perspectiva en situaciones difíciles.

Wendy Selvig

Capítulo 10

EJERCICIOS PARA AYUDARLE A OÍR A DIOS HABLAR

Ejercicio #1: Journaling

El primer lugar para empezar a aprender a escuchar a Dios hablar es a través del diario. Para algunos, es fácil llevar un diario y para los demás esto va a ser un desafío. Cómprate una espiral obligado cuaderno o diario, o abrir un documento de word en su computadora y guárdelo como *Mi diario de oración*. De cualquier manera funcionará; Sólo tienen un lugar para entrar en sus pensamientos y oraciones. Diario me ayudó a ganar la confianza de que realmente estaba escuchando la voz de Dios, y estoy seguro que también le ayudará.

Mi consejo es decidir en tu corazón que no compartirás este diario con nadie (excepto tal vez un amoroso, compasivo amigo o cónyuge que sabe que quiere aprender a escuchar a Dios).

Comience por escribir fuera (o escribir) una oración al señor. Hacer un hábito de alabar y agradeciéndole por las bendiciones en tu vida. Ser honesto y decirle a Dios lo que sientes por él. Explicar donde quieres que tu relación con él para ir.Luego traer cualquier tipo de necesidad que le debes. Dile lo que está en tu corazón y luego tomar unos momentos para descansar en paz. Cuando esté listo, cierra los ojos y escuchar tus pensamientos. Prepárate escribir. Imagina a Jesús está parado o sentado a tu lado con una sonrisa de aprobación en su cara (que aprueba definitivamente de que venía a él y tratando de aprender a escuchar su voz.) Entonces a ver si puedes imaginar lo que podría decir a usted. Esto podría sentirse incómodo al principio. Permítete sentir incómodo. No te apures. Escribir una respuesta a sí mismo *de Jesús* y no pensar demasiado en lo que estás escribiendo.

¿Qué diría Jesús te animo? ¿Qué diría Jesús sobre las necesidades que has traído a él? ¿Qué dice Dios acerca de su futuro? Recuerda que sólo estás aprendiendo a escucharlo. Concédase permiso para sentir incómodo. Como eres cebado de la bomba y pensar en estas cosas, es capaz de hablar en tus pensamientos. Tienes que confiar en que es cierto lo que prometió. Sus ovejas oyen su voz y lo saben. Te ha sellado con el Espíritu Santo. El Espíritu Santo está dentro de ti y puede hablar con usted en sus pensamientos.

Escriba lo que viene a la mente. Sé que es aceptable si algo de lo que escribes es a ti y no a Dios. Esto es práctica. No tiene que ser perfecto y no tiene que ser compartido con nadie jamás. Dios no está sentado en su trono listo para golpearte si entendiste mal. Trabajo de Jesús es señalar que nosotros el padre y para ayudarnos a cubrir nuestros defectos. Dios nos mira a través de su hijo Jesús, y todo se hizo a través de él. Jesús es un amoroso, alentando a pastor que está emocionada de que quiere oír su voz.

Tomará tiempo para que usted pueda desarrollar confianza es

realmente escuchando a Dios más que haciéndolo todo en tu cabeza, tienes que saber antes de tiempo. Y como te diario todos los días desde *la perspectiva de Dios para ti,* ser valiente para escribir las cosas que usted no está seguro de él. Generalmente cuando regrese y lea lo que ha escrito que usted se sorprenderá al ver la voz de Dios hablar. Con el tiempo serás capaz de ver que las cosas que están escribiendo de él son increíblemente verdaderas. Usted tendrá más confianza que habla a usted y usted se sentirá mejor acerca de su propia capacidad para escucharlo. Y entonces diario puede convertirse en una manera que usas para escuchar personalmente a Dios cuando lo que necesitas.

Ejercicio #2: Viaje con Dios

Soy una madre de tres niños. Mi ser más joven en los años del niño, apenas puedo encontrar el tiempo o la presencia de ánimo para que consiga mis pensamientos en papel. Hoy, al escribir esto, me he levantado lejos a un condominio en Winter Park, Colorado. Un amigo sabía que necesitaba algo de tiempo a mí mismo a escribir y me ofreció un día en su tiempo compartido (Sí, es una amiga genial!)

Tenía unos tres horas en coche para llegar a la casa y por eso traje a lo largo de mi cámara de 35mm, sabiendo que vería cosas hermosas para fotografiar. En el auto empecé a hablar con Jesús en la fe que realmente estaba allí en el coche conmigo. ¿Lo escuché hablar con mi mente diciendo, "recuerda cuando su padre solía salir a la naturaleza de la fotografía? Eso fue idea mía y mía! Vamos a hacerlo juntos hoy!" Le contesté, "¡ me encanta! Vamos a hacerlo." Y entonces lo escuché decir: "Vas a conseguir fotos de una pradera, un árbol, un animal peludo y un pájaro hoy". Luego me sentí un poco nervioso. Le escuchaba a través de mis pensamientos, no audible. Si no era realmente mi señor, yo no iba a ver estas cosas en mi viaje y entonces me sentiría una tontería. Sin embargo, he oído su voz tantas veces ahora que realmente estoy mejorando en confiar cuando lo escucho. Estaba bastante seguro había oído sobre esto y comenzó a ver estas cuatro cosas.

Mientras conducía por un puerto de montaña, lo escuché hablar en mi corazón. "Tomar la primera a la izquierda que puedes una vez que has subido el pase". Como había terminado el paso de la escalada, hubo un giro a la izquierda pero fue un poco difícil de maniobrar y era una grava apagar. dudé. ¿Estaba escuchándolo o estaba loco? En mis dudas me perdí el giro a la izquierda y yo seguí corriendo. Sin embargo, esto se ha convertido en una lección impresionante para mí en la gracia de Dios.

Termina que inventó para mi error y todavía tenemos los cuatro cuadros. No fallo porque me *faltó Dios* la primera vez. Que todavía perseguido las fotos después de que me perdí la primera vuelta y que inventó para mis defectos.

Entonces, tomé la segunda "izquierda" y salí y tomé algunas fotografías. He encontrado un árbol y un prado, pero son bastante fáciles de encontrar en Colorado. Si había oído Dios o no podría ser probado si veía un animal peludo y un pájaro.Lo creas o no, todo el resto del disco no vi un ave o un animal. Yo tengo registrado en mi condominio y comencé a escribir. Si Dios realmente había hablado de esto iba a tener que traer el ave y el animal peludo para mí.

Escribí y recé y después de cuatro o cinco horas de trabajo he oído un ruido fuera de mi puerta de condominio. Parecía un niño estaba llorando. La ignoré suponiendo que era hijo de un vecino, pero unos minutos más tarde, lo escuché otra vez.Me asomé por la ventana y había un peludo zorro sentado mirándome. Dios me habían traído el animal peludo! Estaba sentado en la cornisa esperando tomar su foto. Tomé mi cámara y mi oportunidad. Jesús realmente ha traído este zorro que podría compartir con ustedes que había oído su voz.

El zorro que vino a pedirme una foto. El árbol, el pájaro y la pradera que el Señor me había dicho que encontraría en el viaje.

Las dos primeras fotos que tengo en mi disco duro. Sinceramente habría conseguido sin la ayuda del señor. El árbol y la pradera fueron cosas que eran típicas. Los dos segundos que tenía que llevar conmigo. El pájaro era sólo un pájaro en un árbol que estaba llegar. El pájaro vino a mí. Parecía fue deliberadamente saltando frente a mi casa... y el zorro, pues sólo mira la foto y dime si Dios hizo o no traen directamente para una buena foto.

Dios se preocupa por su vida cotidiana. Si se habla de esta manera a mí y hablará con usted. Estoy aquí para animarte y motivarte a escucharlo. Se necesita fe. Se necesita práctica. Siento que cada vez que lo escucho es una práctica. Alguna vez no me siento como si todo lo he descubierto.

Os animo a darse cuenta que Jesús quiere practicar escuchando su voz. Quiere tratar de escucharlo. Intente los siguientes ejercicios y no te castigues si no entiendes la primera vez. Ayudará y un honor si lo intentas. Practicar y escuchar y no sentir que tienes que decirle a la gente lo que intentas. No necesitas otra gente criticando mientras estás aprendiendo a oír la voz de Dios. Que quede entre tú y Dios porque se trata de desarrollar la intimidad y confianza entre tú y Jesús de todos modos.

Aquí es cómo usted puede tomar un viaje de foto con Dios también. No tienes que ser un fotógrafo, funcionará incluso una cámara de apuntar y disparar. Se trata de escucharlo no se trata de tomar fotos de competición digna fotos.

Toma tu cámara y emprender un viaje con el señor. Toma tu diario. Primero orar y pedirle a Jesús para estar contigo como viajar y hablar con usted para ayudarle a aprender a escuchar su voz. Pregúntale a decir tres o cuatro cosas que van a ver en tu viaje y obtener una imagen de. Haz ruido y anota las cosas que vienen a la mente. Tengo fe que está en ti, te ha sellado con su espíritu y que realmente puedes oírlo hablando a través de tus pensamientos. Orar y preguntarle dónde deberías ir. ¿Cualquier ubicación pop en tu mente? ¿Te sientes paz o malestar que pensar mas en estos lugares? Elige el lugar que te parece el más tranquilo y la cabeza de esa forma. Al practicar y mejorar en esto, usted será capaz de escuchar los pensamientos de él como, "Gire la próxima vez que pueda, a la izquierda" sin sentirse tonto. Sé que suena loco para algunos, pero él realmente es agradable y es realmente contigo si quieres que sea. Mantener tu diario contigo y hacer una pausa para escribir durante el viaje. Será emocionante leer después de que usted haya terminado.

Ejercicio #3: las ventas de garaje con Dios

Este es un gran ejercicio que puedes hacer sin decirle a nadie que lo está haciendo. Te da una gran oportunidad para arreglar las impresiones que te estás poniendo en tu corazón. Una vez que estés seguro de la voz de Dios, esto es un gran ejercicio para hacer con tus hijos también mostrarles que realmente él habla. Escoge algo que necesita o busca en una venta de garaje y luego reza sobre él. Pido a Dios que revelarles donde podría encontrar el elemento e imaginar un mapa de la ciudad en la cabeza. Ver si tus pensamientos gravitan en cualquier área específica en el mapa. ¿Hace pop fuera de un área más que otros? Imagínese mirando el mapa en las diferentes partes de la ciudad. ¿Algo más que otro saca? ¿Tienes ideas o imágenes de cualquier intersecciones específicas o barrios surgen en tu cabeza? Si es así, ve con él. A ese barrio en coche (un viernes o el sábado por la mañana en el verano cuando hay ventas de garaje) y en coche en busca de ventas. Dios te llevara a la casa por que tienes que ir a buscar el elemento que rezó! La primera vez que hice este ejercicio, necesitaba encontrar un cochecito paraguas y un cochecito regular. Le dije a mi luego de seis años que íbamos a orar y pedirle a Dios que nos muestran dónde ir para obtener los cochecitos. Rezamos juntos y luego cuando empecé a pensar en todos los barrios, uno en particular parecía elevarse por encima de los demás en mi mente. Fui inmediatamente a ese barrio y hubo una gran venta de garage que encontramos. En cuanto llegamos vi dos cochecitos sentado en la acera, ambos eran las clases que estaba buscando! Alabó a Dios por haberme ayudado a escuchar y por ayudarme a mi hijo la experiencia de aprendizaje!

Estos ejercicios están diseñados para ayudarle a presionar a través de victoria en escuchar la voz de Jesús en tu vida.

No podemos ver el Reino Celestial, pero hay muchas pistas que nos dicen que está aquí. Se necesita fe para creer que usted puede oír la voz de Dios, pero si crees en la esfera espiritual y pertenecen al señor y se sellan con su Espíritu Santo, ¿no crees que debe ser capaz de oír lo? Saber que es posible es la mitad de la batalla. La otra mitad es practicar. El señor quiere perfeccionar esta habilidad. Él va a ayudarle en el camino. Él no te está condenando para intentar y fracasar. Si alguna vez sientes que Dios está diciendo que debemos hacer algo que le incomoda, no lo hagas. Si te gusta la culpa a mí, pero estar dispuesto a fallar una prueba antes de que escuche y actúe sobre la voz equivocada. Hacer la lección una y otra vez para asegurarse de que está escuchando la voz de Dios.

Alguien tenía que contarme una vez tratando de aprender a escuchar la voz de Dios y conducían y aleatoriamente tendría un pensamiento de repente aquí o allí y no había paz en ella, sólo ansiedad. Yo diría que ignoras pensamientos como éste. Resistir. El enemigo huirá eventualmente cuando te ve resistiendo. Jesús conduce con tranquilidad, y es un rey muy inteligente y paciente. Que no te da un puntaje en estas lecciones; No tienes que preocuparte por defecto. Pacientemente estará contigo hasta que lo hagas bien. No escuches a cualquier miedo o pánico o ansiedad.

Por ejemplo, en mi viaje de foto había oído la palabra Señor para tomar la primera a la izquierda por el paso de montaña. Así como fui el paso hubo un giro inmediato que estaba incierto sobre porque no era un camino, sólo un tirón sobre.Causó un poco de ansiedad porque el Señor había dicho a mí, ' tomar el primer desvío "por el paso. Había coches detrás de mí y yo no iba a provocar un accidente así que estaba dispuesto a señorita Dios en eso y seguir adelante. Si sentí más tarde dijo que quería que fuera, tendría. En cambio, hubo un giro definitivo a un poco más adelante en el camino que se veía mejor y me lo tomé. Oré en ello y tenía el sentido de que aunque el otro desvío había sido el que Dios habían previsto originalmente, todavía iba hacer esta obra. Que resucitaría para ir ya que todavía estaba tratando de escuchar. Esto fue una situación de ejercicio, no una vida o la muerte. Hola, por lo menos he apagado! Es posible que hubiera visto un pájaro, un animal peludo, un árbol y un prado en que primero se apagan. En cambio, tomé el segundo desvío y vio un árbol y Prado... y después Dios trajeron el animal y el pájaro a mí en mi apartamento. Él me ayudó a lo largo del viaje y compuesta por mi incapacidad para oír o saber si efectivamente iba a tomar el primer desvío.

Recuerde, él es el *Príncipe de la paz* y trabajará con usted. No siempre liderado por miedo o ansiedad. Si usted está preocupado por lo que estás escuchando, declarar la prueba sobre, ir a casa a diario en ello. Orar y ver qué conclusiones vienes a sobre la voz que estaba escuchando.

Siempre escribo. Le pido que hable, escucha en silencio y escriba la *impresión* que tienes en tu mente y las emociones. Estar dispuesto a estar equivocado. No lo comparta con nadie. Estar dispuesto a desarrollar esta habilidad con el tiempo.Esperar a que traiga la respuesta para usted. Asegúrese de que usted diario la respuesta si estabas bien o mal. Si te equivocaste, haga una nota de voz que escuchaste en lugar de Dios. ¿Perteneció al enemigo o fue su propia? Orar, gracias a Dios por ejercicios e inténtelo de nuevo. Estás en un viaje fabuloso que sólo conduce a que cada vez más cerca a Jesús.

Hay todo tipo de variaciones sobre el viaje de foto que puedes tomar. Escoge algo que te gusta hacer. ¿Te gusta ir a juegos de baloncesto? Pido al señor que compartir con ustedes tres cosas podrás ver o experimentar en el juego y luego escribir las impresiones que te. Si fallan y de alguna manera no se ve, no es gran cosa. Pruebe con otra cosa. ¿Tal vez te gusta ir de excursión? Pídele al señor que decirte tres cosas que podrías ver que son raros en una caminata. Puedes hacer lo mismo con cualquier cosa que te gusta hacer - una película, un concierto, una unidad. Todas son actividades que puedes hacer con el señor y el journaling y pidiéndole a hablar; Usted puede practicar para oír su voz.

Wendy Selvig

Capítulo 11

ENSEÑANDO A SUS HIJOS A OÍR A DIOS HABLAR

Ser intencional con nuestros hijos

Es fácil distraerse con vida adulta que nos olvidamos de ser intencional con nuestros hijos. A menudo me encuentro en ciertas áreas, y entonces veo mi falta de intencionalidad apareció más tarde en el comportamiento de mis hijos. Por desgracia, ser intencional requiere una inversión inicial, así que si quiero ver resultados en ciertas áreas, tengo que hacer el esfuerzo.

Antes de comenzar a sentirse abrumado o juzgado, por favor saber que soy tan culpable como el próximo padre en olvidarse de ser intencional. No creo que nadie puede ser perfecto por ser intencional en todos los ámbitos, pero si elegimos algunas áreas importantes que permanecen constantes en, comenzaremos a ver buenos resultados con el tiempo.

Para mí, enseñando a mis hijos a escuchar la voz del Señor es una meta importante. Piensa en lo que se vería como si sus hijos estaban seguros de que el Espíritu Santo viviendo dentro de ellos, que habló a y guiado y ellos escucharon su voz y lo buscaban antes de que tomaron decisiones. Wow, crianza de los hijos sólo tiene mucho más fácil!

Quiero que mis hijos saben quiénes son, para conocer el

panorama en la vida y saber que Jesús camina con ellos a través de los valles y la cima de la montaña experiencias. Quiero que sepan que la confianza y la seguridad que viene con la confianza de su padre en el cielo con sus vidas.

Los niños pueden aceptar al Señor Jesús como su Salvador desde edad muy temprana. Muchos vienen a Cristo con su fe infantil en tres o cuatro años de edad. Si pueden elegir a creer en él, también aprenden a oír su voz en sus vidas.Ayudamos a nuestros hijos oír su voz y podemos ayudar a cultivar el deseo de obedecer la voz del Señor en sus corazones. Aunque no quiero que los padres a sentir la presión que sus pequeños tienen que oír la voz de Dios, creo que si intencionalmente enseñamos a nuestros hijos a reconocer que el Espíritu Santo está dentro de ellos y que está hablando, quien comenzó una buena obra en ellos la llevará a terminación (Filipenses 1:6).

Como padres, todos venimos de diferentes ámbitos de la vida. Todos crecimos diferentemente. Algunas personas tenían maravillosos padres piadosos que crió a conocer al señor, mientras que otros no tenían ninguna influencia cristiana en su infancia en absoluto. ¿Como padres, cómo subimos nuestros niños para conocerlo?

No me siento como soy el dueño de la esquina en esto, pero te puedo ofrecer lo que me ha parecido a trabajar para nuestra familia. Creo que comienza con la introducción de nuestros hijos a Jesús como una persona real que físicamente no podemos ver con nuestros ojos. Explicarles que Jesús está a la diestra del padre (por qué no podemos verlo ahora) y allí está orando por nosotros y quiere ayudarnos. Es importante que sepan que puede oír nuestras oraciones. El Espíritu Santo que vive en nosotros está conectado directamente a Jesús. Lo oiga cuando llegar a él.

Predicando con el ejemplo

La mejor manera de ayudar a solidificar este pensamiento es para que ellos verte orar y hablar con Jesús. Orando con ellos antes de acostarse, en la cena y cada vez que hay una necesidad es un buen comienzo. Necesitan ver que también nosotros, como adultos vienen a Jesús.

El objetivo es que puedan eventualmente empezar a confiar en él para sus propias necesidades, o nunca van a hacer el crossover. Siempre será *la religión de papá y mamá* si no aprenden a confiar en Dios para sus propias luchas y caminar en la vida. Necesitan ver y saber que Dios es real. Cuando empiezan a ver a Dios responde sus propias oraciones, se convertirá para ellos. Los años de infancia es el momento oportuno para ayudarles a práctica confiando en Dios.

Aliéntelos a escribir

Con mis hijos, vi increíble crecimiento espiritual en ellos cuando estaban lo suficientemente viejos para escribir. Me aseguro que tienen revistas y aliéntelos a escribir en ellos. Incluso cuando mi hijo Caleb tenía siete años, animo a dibujar acerca de Dios. Empezó a escribir ese mismo año y nuevamente vi crecimiento cuando podía escribir sus pensamientos Dios.

No soy perfecta en este esfuerzo. Yo no soy tan consistente como desearía que fuera, pero animo a escribir sus oraciones a Dios por la noche y otras veces oportunos.

Recientemente fueron mis hijos de la escuela por un día de nieve. Ellos querían jugar videojuegos y no les importaba jugar un rato, pero antes de que se les permitió jugar, tenía ir a sus habitaciones durante 15 minutos para tener un rato tranquilo y escribir algunas oraciones a Dios.

Mis 11 años de edad vinieron a verme y me dijeron que sentía que Dios le habían dicho era parte de algo grande pero que simplemente no pudo ver lo que es. Había escrito en él su diario y con fecha, al igual que lo he mostrado cómo hacerlo.

No puedo decirte qué alegría a mi corazón que era para ver que era diario y escuchando el espíritu de Dios en sus pensamientos.

Mis siete años me dijeron que no escuchó nada (y le dije que estaba bien!), pero él me mostró su papel y mi corazón ráfaga viendo lo que escribió (en su propia escritura).

"Dios mío, te amo te varee mucho. Me cooold recompensarle con varee muchas cosas pero no tengo anuf (darle) así wunt para dejarle conocer mi amor en vez de stuf. "

Su corazón está siendo cultivado y el Espíritu Santo está trabajando en él porque está hablando el lenguaje del amor. Dios es amor. Su espíritu está dentro de mi hijo y puedo ver el fruto del espíritu en sus palabras.

Los niños pueden obtener esto! Los niños pueden aprender a

confiar en Dios y conocerlo!

Los adolescentes necesitan ver a Dios contesta oraciones

Me preocupo por los adolescentes en los Estados Unidos. Los adolescentes se enfrentan con los males del mundo todos los días pero a menudo no encuentran esperanza de la iglesia o los seres queridos que Dios es lo suficientemente fuerte o suficientemente poderoso como para ayudarles a superar.

No ' quiero ser un aguafiestas en la iglesia en los Estados Unidos, pero siento que tanta fe básica ha sido diluido en muchos lugares. Muchas denominaciones niegan el poder de Dios y no desafían a la gente a tener fe. Si esto suena como su iglesia, por el bien de su hijo adolescente, correr (no a pie) lejos y encontrar una iglesia dadora de vida donde ves gente amarnos unos a otros y ejercer su fe. Pido a Dios que te llevan a un lugar donde usted puede conseguir infundido con la vida que da las enseñanzas y donde se puede cultivar en la fe.

Para mí, como un adolescente, se solidificó mi caminar con Dios cuando lo vi responde oraciones. Cuando vi su mano en el trabajo, me di cuenta que era real. Estaba preguntando las preguntas difíciles que pedir a la mayoría de los adolescentes. ¿Dios era real? ¿Era bueno? ¿Satanás era real? ¿Era poderoso o no?

Mi hermano era un pastor durante mis años de adolescencia. En su iglesia vi un hombre sanado cuando todos los pastores oraron por él. Su pierna fue más corta que el otro y lo vi crecer varios centímetros mientras oraban. Luego tuve fe a orar por mi cuando fui diagnosticada con una enfermedad incurable de la piel. Puso las manos sobre mi adolescente del uno mismo y dijo: "En nombre de Jesús te ordeno dejar mi cuerpo." Inmediatamente detuvieron el dolor y la picazón y dentro de las 24 horas todas las lesiones se secaban. *Que* respondió a algunas de mis preguntas difíciles y solidificó mi fe. Tengo respuestas a las preguntas del que importaba. Vi que estaba vivo y aunque la respuesta no siempre fue el que esperaba, he visto respuestas y vi que era bueno.

Los adolescentes preguntas difíciles porque están tratando de averiguar quiénes son y lo que ellos creen. He encontrado que la mayoría de los adolescentes es increíblemente leales y apasionados por Dios cuando se dan cuenta de que es real, es bueno y tiene autoridad sobre el mal.

Tienen que entender el panorama y que vivimos en un mundo roto que está esperando un tiempo cuando Cristo regrese y lo redime. A veces mal bien vence en la batalla en la tierra. Pero, cuando ellos entienden que esta vida es temporal, es una prueba de las clases, y que Jesús promete a caminar por la vida con nosotros – si Valle, llano o montaña arriba, se les anima. Y, cuando aprenden a oír su voz y reconocer que no están solos, puede hacer toda la diferencia.

¿Qué tipo de preguntas están pidiendo? ¿Aquí le damos algunos afronté como un adolescente: Si Satanás está vivito y coleando, es más poderoso que Dios? ¿Es más fácil creer que no hay ningún Dios y no Satanás y que somos sólo un producto de nuestras circunstancias? Eso parece más fácil de estómago que

Satanás siendo más potente, o incluso peor, Dios siendo mas poderosos pero decidiendo no nos ayuda en nuestra necesidad.

Los adolescentes están pensando en estas cosas y también sus hijos adolescentes. Debemos mostrar ellos cómo real y viva que es a través de intencional la crianza en esta área.

Sí, las devociones familiares pueden ser significativas. Sí, iglesia y escuela dominical pueden ayudar a moldear sus mentes. Puedes decirles lo que crees que eres azul en la cara, pero hasta ellos son retados a confiar en Dios en su propio... nunca va a ser su propia fe. No se van a recoger la fe a través de ósmosis. Sólo va a la escuela dominical y estar cerca de los cristianos no va a convencer de nada. Esto puede requerir unos debates de corazón a corazón, dándoles un libro como éste y un reto que no te pierdas el panorama de la vida. Y por supuesto, necesitan tus oraciones.

Criar a los niños que son inquebrantables en su fe, tienes que intencionalmente introducirles a la persona de Jesús y enseñar y guiarlos a orar y a escuchar su voz. Tienen que saber que está hablando con ellos personalmente y que él está ahí para caminar con ellos a través de cada prueba. Se les debe alentar a orar por cosas con su fe infantil y cuando vean oraciones contestadas, se solidifica en su corazón que lo que están aprendiendo es real. Les ayudan a experimentar Christ a temprana edad para que ellos no nos separaremos de él más adelante.

Pasos que puede tomar para ayudar a sus hijos confiar en Dios

1. **No subestime el poder de la oración.** Específicamente pide a Dios que abra sus oídos para oír su voz. Oren por sus hijos que escucharán la voz de Dios en una edad temprana. Ruego que

tengan la sabiduría de Dios y la comprensión de quién es Dios y
que el Dios de este siglo (Satanás) no será capaz de cegar los ojos
de Dios y su Reino

2. **Tener fe infantil con ellos**. Los niños tienen fe
naturalmente. Cuando quieren creer en Dios para algo, estar
dispuesto a tener fe con ellos. Si quieren poner sus manos sobre
una mascota enferma, estar dispuesto a orar con ellos.

Si rezan por la mascota de la familia y luego no recibe bien, es
una buena oportunidad para explicar cómo es el mundo que
vivimos en un mundo quebrantado. Puedes explicar que un día
todo se restaurará (hechos 3:21) y hacen todo de nuevo, pero hasta
entonces pasan cosas buenas y malas. Tenemos que confiar en
Dios que es bueno y que él no desea mal para nosotros. Su palabra
dice que él conoce los planes que tiene para nosotros, los planes
para un futuro y una esperanza (Jeremías 29: 11). Cualquier mal
en nuestras vidas viene del hecho de que tenemos un enemigo y
que vivimos en medio de un campo de batalla. Las bajas y
pérdidas suceden pero no es porque Dios lo quiso. Él nos está
permitiendo vivir en una época (por un periodo de tiempo) donde
la vida es lo que es y que vivimos en una batalla. Requiere fe en su
bondad y la capacidad de oír su voz para que él nos pueda dirigir
de problemas.

Y, Dios promete estar cerca de los quebrantados de corazón,
así que ve los corazones de sus hijos y su dolor y es con
ellos. Anímelos a decirle a Dios cómo se sienten y a confiar en él
para cuidar de su mascota enferma hasta que consiguen verle otra
vez en el cielo.

3. **No duda de la semilla**. Mis dos primeros hijos, cada uno tiene una experiencia donde salieron de sus habitaciones diciendo: "qué mamá?" Respondió: "No dije nada". Ambos claramente pensaron que me oyeron llamarlos. Les dije: "Tal vez Dios te llama." También recordé que en 1 Samuel 3, el Señor habló a Samuel como un niño y no sabía que era Dios. No sé si fue el señor o no, pero no iba a ser el que duda de la semilla en sus mentes que no era nada. Entiendo que el Espíritu Santo nos habla a través de nuestros pensamientos. Él puede han estado llamando a mis hijos.

4. **Tener importantes conversaciones con ellos**. Momento es importante cuando conversando acerca de Dios. Cuando están viendo la televisión o jugando a un juego, el tiempo no es correcto entablar una conversación. Mi consejo es que espere hasta que se aburren o están haciendo algo mejor que no hacer (como ir a la cama). Usted tendrá más de su atención si están saliendo de acostarse por escucharte. Me encanta hablar de Dios justo antes de acostarse para que sus mentes pueden cocer en ella durante toda la noche, ni siquiera en sus sueños.

Utilizar el tiempo de viaje en el coche cuando son jóvenes que tienen importantes conversaciones acerca de Dios. Cuando mis hijos más antiguos eran nueve y seis respondieron a esta pregunta: "Si alguien dijera que Dios habló a ellos, ¿cómo crees que lo oyeron? ¿Crees que escucharon su voz igual ¿me oyes? ¿Crees que era como un pensamiento en su cabeza? ¿Qué opinas?" Mi hijo de nueve años respondió con, "Hmmm, eso es una buena pregunta! No sé. " Mi hijo de seis años se entuba, "Creo que le escucharían como usted está hablando ahora." Entonces, era capaz de discutir cómo Dios pueden hablar a ambos lados, pero porque el Espíritu Santo está en nosotros, a menudo habla a nuestras mentes a través de pensamientos.

5. Cuando ves a Dios trabajar en los detalles de su vida, compartirlo con sus hijos. Cada vez que veo a Dios aparecer en mi día, cuento a mis hijos sobre él. Quiero acostumbrarme a reconocer su mano en la vida normal. Hoy, como estoy escribiendo esto, el señor milagrosamente proporcionó más de 1 mil dólares para un proyecto de ley que debía. La cantidad exacta que necesitábamos llegó procedente de una fuente inesperada y no solicitada en el mismo día que teníamos que pagar. Le dije todo sobre los niños sonrió y se pudo ver lo milagroso que era. Ellos vieron a Dios funciona en la vida de papá y mamá, así que será más fácil para ellos confiar en él para trabajar en ellos cuando están listos.

Intencionales temas para el debate con sus hijos

Estos pueden ayudar a cultivar la capacidad de sus hijos a reconocer la voz de Dios en sus vidas:

Fruto del espíritu: Discutir el fruto del Espíritu Santo. Tienen los frutos por escrito antes de tiempo y pregúntales qué piensan cada uno de la media de frutas. Esto podría dividirse en muchas conversaciones mientras meditas en cada uno. ¿Qué es el amor? ¿Qué significa realmente amar a alguien? ¿A quién amas? ¿Amas a la persona que es para ti? ¿Si amas a esa persona? ¿Qué le parece querer a esa persona? ¿Cómo ve esa persona, Dios les ama? (Alegría, paz, paciencia, amabilidad, autocontrol) los frutos del espíritu son en esencia, atributos de Dios. Dios es amor. Él es el príncipe de la paz. Es tipo. Cuando estamos escuchando a los pensamientos en nuestra cabeza y tratando de averiguar de dónde vienen, si tienen el fruto del espíritu, son probablemente de Dios! Satanás es nuestro enemigo y tiene algunos malos trabajando con él. Si tu enemigo te diera pensamientos ¿qué diría? Ya no suena como el fruto del espíritu que es seguro. ¿Qué clase de pensamientos son lo opuesto de los pensamientos de Dios? Que les responda, pero usted puede estar listo con algunos ejemplos como los pensamientos que son medias, odioso, crítico, rebelde y grosero, causando daño no es bueno.

Enseñarles a sintonizar el ruido : Explicar que a veces es difícil escuchar la voz de Dios porque hay mucho ruido alrededor de nosotros estos días. La TV, radio, iPod, videojuegos y computadoras hacen ruido y atraen nuestra atención. Es difícil pensar en Dios cuando nos quedamos tan distraídos por otras divertidas cosas entretenidas.

Aquí es un gran ejercicio intencional que se puede hacer en el coche con sus hijos. Preguntar a uno de sus hijos a decir el ABC del a otro niño. Sube la radio (con una sonrisa en la cara, no seas malo en ello) cuando empieza a hablar. Luego apaga el radio y pedir al otro niño si era difícil escuchar a su hermano cuando la radio. De la misma manera, cuando nuestra atención es agarrada por todas estas divertidas las cosas, no podemos oír Dios hablando muy bien tampoco.

Aprender a ser tranquilo: Animarles a disponer del tiempo (ni siquiera un minuto) donde todavía se sientan y tranquilidad y orar y escuchar los pensamientos de Dios. Si son lo suficientemente viejos para escribir, anímelos a pasar un rato tranquilo donde rezan y luego escribir lo que creen que Dios pueden estar diciendo.

La eternidad: Discutir qué eternidad significa. ¿Cuánto tiempo es la eternidad? Trace una línea en un pedazo de papel con flechas en cada extremo, mostrando que la línea va el papel. Luego, marque aproximadamente una pulgada de la línea y mostrarles que la pulgada representa 100 años de vida de un ser humano. Discutir cómo Dios nos da el tiempo que tenemos en la tierra para ir a través de una prueba. La prueba es todo acerca de cuando la vida es dura; ¿de qué lado vamos a estar. ¿Aprenderemos a amar y confiar en Dios? ¿ Aprenderemos a ayudar a los demás? ¿O, decidirá a ser egoísta y vivir por nosotros mismos solamente? Cualquier cosa que hagamos en ese corto período de tiempo determinan nuestro hogar y posición para la eternidad. Este es un tema pesado mas importante para que nuestros hijos empiezan a pensar en lo que es más allá de nuestra vida aquí. Les gusta pensar en ello. Estar preparado para todo tipo de preguntas sobre el cielo!

Fe: ¿Qué es la fe? ¿Es tener fe algo que agrada a Dios? ¿Por qué Dios quiere que tengamos fe?¿ Cómo tenemos fe cuando los tiempos son duros?

Emociones : ¿Alguna vez sientes que puedes sentir que Dios es con usted? ¿Si no te sientes eso, significa que no está contigo? Tener una discusión sobre sentimientos y cómo es agradable cuando usted sentido Dios y sentirlo, pero promete estar siempre con nosotros. Si no lo creemos, es sólo que nuestras "antenas" no están funcionando. Podemos confiar en él para siempre estará ahí para nosotros.

Diario de oración: Cuando sus hijos están en edad, compra un diario de oración y aliéntelos a escribir sus oraciones a Dios. Luego, explique la idea de escribir las respuestas de Dios en su diario. Los niños suelen hacerlo mucho mejor que los adultos. Si puedes enseñarles a oír a Dios hablando a una edad temprana, les dará una herramienta invaluable!

Oración Rock Jar: Es importante recordar las respuestas a las oraciones. Una vez que una oración es contestada es fácil pasar a la siguiente petición de oración y olvidar antes oraciones respondidas.

Una manera de ayudar a su familia recuerde oraciones respondidas es tener un frasco de roca oración contestada. Cada vez que tienes una respuesta a la oración, pones una roca en el tarro y escribe la respuesta en un libro. Luego al final del año, o de acción de Gracias o incluso varios años después, sus hijos Miren el frasco y ver una representación visual de cada oración contestada. ¡ Construye su fe y probablemente será construir el tuyo también! Sólo tienes que quedarte diligente en llenar el frasco.

Otra opción es comprar una revista que es específicamente para los rezos y plegarias. Como tu familia comparte peticiones de oración, escríbalas en el diario. Rece como una familia sobre las solicitudes y luego periódicamente revisar las solicitudes y escribir en el margen cómo Dios respondió. Tener fe. Responde! Ese diario de oración podría convertirse en un preciado tesoro familiar!

Estas son solo ideas para ayudarle a empezar siendo intencional con sus hijos. La mejor manera de aprender a confiar en Dios es verte activamente confiar en él. Os animo a compartir con sus hijos algunas de sus propias peticiones de oración y luego compartir por todos los medios, cuando él les responde.

Mientras aprendes a escuchar a Dios y lo ven hablar contigo, alentará a oír a Dios por sí mismos también. El punto principal es hacerlos pensar en Dios la audiencia a una edad temprana. Si saben que Dios habla a través de pensamientos y no en una voz audible, sean más conscientes ya que crecen que él puede estar hablando con ellos.

Capítulo 12

UNA MAYOR CONCIENCIA

He oído que sugirió que la gente no oye la voz de Dios, pero que por el contrario, ha aprovechado su yo superior evolutivo en la conciencia común de la humanidad.

Tengo que luchar para mantener mi gracia sobre este argumento. Laicos en nuestra cultura presentan que somos quienes somos porque hemos evolucionado allí por nuestra cuenta. El argumento sería que personas que creen que escuchan Dios han desarrollado alguna forma de acceder a una sabiduría interior comunal (como una hormiga), respondiendo a nuestros propios pensamientos como si esa voz fuera Dios. (Y realmente, si crees en esto, ¿por qué es tan difícil llevarlo uno paso más allá y creo que la sabiduría interior proviene de alguien más provenientes de materia cerebral evolucionado?)

Es una idea empoderar a creer que nos hemos entrado en una conciencia colectiva o algún poder del cerebro comunal. Para mí es litera. Suena como parapsicológicos ideologías de Hollywood que suenan bien pero no están cierto. ¿Cómo puedo saber? Porque quien nos habla más que hablar, se implicado. Él respalda sus palabras. Él apoya sus palabras con acciones y méritos a cualquiera que esté dispuesto a ver.

Quien habla no es una *conciencia interna* y no mi propio

intelecto responde a mis preguntas. No tengo una personalidad dividida y no es la voz de *Dios* que estoy oyendo el *buena me* contra el *mal me* .

Él es Dios. Él es *el*. Él es quien nos hizo y nos está llamando. Él desea tener una relación con nosotros. Es más grande que cualquier cuadro que podemos soñar para él, y él habla si estamos dispuestos a escuchar.

Y entonces, hablar más de Dios. Actúa. Cambio de las circunstancias externas cuando llegue involucrado. Es un pastor. La Biblia dice que él es el *Buen pastor* y camina junto a nosotros.

Salmo 23 dice que yo no estaré en la necesidad. Él me hace descansar en verdes pastos, me lleva al lado de aguas tranquilas y confortará mi alma. Me guía por sendas de justicia por amor de su nombre. Su vara y cayado me sosiegan.

Esta es una imagen del señor caminando al lado de alguien que le ha pedido que sea el señor de sus vidas. Es invisible, pero su espíritu es muy real y promete caminar con nosotros y plomo y guiarnos incluso por el valle de sombra de muerte (Salmo 23:4). Está siempre con ustedes. Allí va a ser su consejero cuando lo necesitas. Promete no dejará ni te desamparará. Él siempre está ahí conduce suavemente.

Un verano en la universidad me pasé dos meses en Uganda, África. Yo estaba en un equipo de misión con otros alumnos del colegio y nos fuimos a lo largo de las reuniones de celebración del país donde se predique la palabra de Dios y entonces oramos y ministrar a las personas. Todos se turnaban hablando y estaba bastante nervioso la primera vez que tenía que hacerlo. Estábamos en una zona exterior abierta de un pueblo y toda la gente del pueblo salió parado alrededor mientras que os hemos predicado de Dios palabra, alguien interpretar lo que dijimos. Prediqué el mensaje que sentí que Dios me había preparado y todo el tiempo que estaba predicando, había un joven africano de pie hacia la parte posterior de la multitud que seguía notando.

Aunque no recuerdo Dios hablando específicamente a mí sobre él, sentí que el Señor estaba pidiendo que lo notaron. Mis ojos se apartaron de él como que estaba predicando. Intensamente estaba escuchando lo que decía. Pude ver la intensidad grabada en su rostro.

Cuando terminó el servicio, estábamos rezando por la gente y acercó y me pidió que rezar. Su nombre era Thomas. Él cree en Jesús y quería preguntarle a su corazón, pero estaba tan cansado porque su familia era de otra religión y él podría estar fuera de su familia y su comunidad si aceptó a Jesús. Él había estado visitando este pueblo y fue a dejar en el siguiente día o dos para volver a su colegio y probablemente nunca lo volvería a ver. Pero el señor quemaron la imagen de este joven en mi mente y me dio unas palabras de paz para hablar con él. No recuerdo las palabras exactas, pero le dije algo a lo largo de las líneas que si le preguntó a Jesús en su corazón y confiar en Dios, Dios trabajaría en su familia. Rezó conmigo, pidió al Señor Jesús que entrara en su vida y para empezar que lo llevó, y más tarde nos despedimos. Nunca pensé que me gustaría verlo otra vez.

Salimos de ese pueblo y continuó viajando. Fuimos de pueblo en pueblo y de ciudad en ciudad. Literalmente viajamos en

Uganda. A veces nos deja en grandes ciudades y predicar en las iglesias. Otras veces que nos encontraríamos enseñando en pequeñas chozas de país fuera en medio del campo.

Varias semanas después de la reunión de Thomas que estábamos en una ciudad más grande donde había un hospital. Fuimos al hospital a visitar y orar por aquellos que estaban enfermos. Hubo un hombre que rezamos por que tenía fiebre amarilla. No sé si sabes algo de fiebre amarilla, pero es una triste enfermedad. El Señor me dijo que ir a poner sus manos sobre este hombre con la fiebre amarilla. Habló Lugandan y no inglés y que su hija, que estaba junto a su cama interpretado por nosotros. Después de preguntar si yo podría rezar por él y ellos acordaron la idea, le puse mi mano en su brazo. Él estaba acostado en una cama de hospital y era tan débil que no podía sentarse. Sólo ligeramente lo toqué y comenzó a rezar. Mientras rezaba sentí mi brazo empieza a calentarse. En poco tiempo sentí un calor cada vez más en el brazo y yo sabía que el calor era el poder de Dios dentro de mí, que fluye a este hombre para curarlo de la enfermedad.Estaba excitado y seguía rezando. La hija comenzó a emocionarse como ella traducía lo que decía el padre. El padre estaba diciendo: "está caliente, caliente! Calor viene de tus manos!" Cuando sentí una liberación en mi corazón, era como si el Señor había dicho a mí, "consumado es." Dejé de rezar. Los ojos del hombre eran tan amplio como los platillos. Él había experimentado algo. Empezó hablando violentamente y su hija interpretado. Dijo que sintió el poder de Dios y que él quería saber cómo saber si he orado en el nombre de *Jesús* . Quería saber cómo hacer lo que el Dios de su vida. Por supuesto nos explicó y oró con él y su hija, que recibió ese día como su nuevo pastor, el señor.

Más tarde en el mismo hospital, mientras sigo rezando para la gente, recuerdo caminando por un pasillo. Cuando fui a la vuelta de la esquina me topé casi literalmente con alguien. Cuando miré hacia arriba, no podía creer mis ojos. Fue Thomas, el joven que habíamos llegado que en un pueblo varias semanas antes. Sus ojos crecieron grandes y empezó a hablar rápidamente y en voz alta. "Alabanza a Dios, él ha contestado mis oraciones! Alabanza a Dios, él ha contestado mis oraciones! " Cuando conseguí que se calme explicó a mí, "confió en Jesús como mi señor y le pedí que salvar a mi familia. Mi padre está en este hospital y toda mi familia está con él. Está muy enfermo. Les dije acerca de Jesús y me dijeron que considerarían a Jesús si poder oír la misma predicación que he oído. Tomamos decisiones como una familia y toda la familia quiere oír juntos acerca de Jesús. Le pedí a Dios enviará a nosotros de alguna manera, aunque no sabía que estabas en qué ciudad o cómo encontrar, a decirle a mi familia de Dios y ahora están aquí! Alabanza a Dios que él ha contestado mis oraciones! "

Dios nos habían traído milagrosamente a la misma ciudad en que su padre estaba, y nos había traído al hospital muy padre de Thomas. Entré en la habitación del hospital pequeño, sintiendo muy audaz en ese momento en la fe y entusiasmo con lo que Dios estaba haciendo. Le expliqué a su familia sobre cómo fue el regalo de Dios simple para ellos salvación y vida eterna y todo lo que tenían que hacer era aceptar el regalo y comenzar a confiar en Dios para caminar con ellos a través de la vida. Hablaron de lo que les dije y luego como una familia que se arrodillaron abajo en la sala de hospital y dieron sus vidas a Jesús.

Nuestro equipo dejó el hospital ese día muy animados. Este es un viaje por nuestra parte también. Se necesita fe para decirle a alguien que Dios "lo resolverán" con su familia. Y esa fe es la esperanza más que Dios lo resolverán. Es conocer a Dios mediante la lectura de la palabra y bajar dentro de ti que sabes lo que la respuesta de Dios es para situaciones y saber lo que dice la palabra que va a hacer. Entonces, cuando las circunstancias que desafían su fe, sabes pueda decirle a alguien lo que la Biblia dice que Dios hará, y es cierto cada vez. Realmente mantiene su palabra. Juan 1:1 dice que Jesús es la palabra de Dios en forma de carne. La palabra de Dios es un manual para saber quién es Jesús. Se no puede apartar de él, es él.

Por cierto, en la forma de salir del hospital ese día, pasé por la habitación del hombre que había tenido la fiebre amarilla. Antes de que sanaron me había mentido en la cama sin la energía para sentarse. Como nos detuvimos para decir adiós, estaba sentado hacia, estaba lleno de energía y estaba sonriendo de oreja a oreja. Él había sido completamente curado y estaba esperando por un médico que lo confirman. Estaba tan feliz y agradecido y emocionado empezar su vida con este nuevo Salvador que se preocupó lo suficiente para tocarlo de una manera física. Mi conciencia interna no curó al hombre; mi Salvador Jesucristo lo curó. Mi conciencia interna no me llevó a Thomas, Jesucristo me llevó con él en respuesta a sus oraciones. Dios se involucró en la circunstancia externa que muestra que su voz es más que sabiduría comunal.

Una pequeña palabra de fe

La fe no es confianza ciega en algo que nunca verás resultados de, está confiando en que lo que Dios dice acerca de sí mismo en su palabra es verdad, y que puedes contar con él para hacer lo que él dice. La fe puede comenzar tan pequeña como una semilla de mostaza y crece a medida que lo veas conducir y guiar en tu vida. La fe es la moneda de un reino sobrenatural que pudo haber sabido ni siquiera estaba allí. No te sientas que tienes que mover montañas con su fe al principio, está bien empezar con un poquito. Es difícil describir qué fe real parece, porque no es solo espero. No hay más que *esperar* de que el vendrá a través.

Mateo 9:29 dice que 'según su fe se hará a ti.' No dice, 'según tu esperanza.' La sustancia de la fe está confiando y creyendo. Hebreos 11 dice que fe es estar seguro de lo que esperamos y seguro de lo que no vemos. La fe es más que esperanza, su estar seguro de que Dios será fiel a su palabra y que si estás buscando algo que se alinea con su palabra, y creer en él y no dudes, que sin duda lo hará. Fe puede ser difícil de conseguir cuando no sabes su palabra y sus promesas. Por lo tanto, escuchar su voz y tener fe, debes leer la Biblia y bajar su palabra en su propio ser. Así que para oír la voz de Dios, debe absolutamente iniciar con leer la Biblia y conocer las ideas y conceptos y palabras de Cristo que están en él.

Capítulo 13

CONCLUSIÓN

Espero que hayas disfrutado de este libro y realmente espero que eres capaz de oír su voz mejor por ello! Cuando el Señor lo puso en mi corazón para escribir sobre este tema, luché con muchas dudas en mi propia habilidad para escribir y así lo puse durante años. Era solamente obedeciendo el sentido urgente que sentí del Señor a escribir, que lo tengo terminado. Mi oración es que eres capaz de entender las ideas bastante bien y que se fortalece su caminar con el señor por este libro.

Mi amigo, (y eso es lo que eres si has leído esto lejos) ser alentados. La vida es un regalo. Es difícil, sin duda. Has ciertamente ha a través de las dificultades que no tengo, y he pasado por cosas no has, pero ha estado ahí con nosotros a pesar de todo. No tienes que estar solo. Sólo estarás solo si usted decide alienar a ti mismo de quien lo hizo y te ama. Y aun así, nunca te deja. Dios está íntimamente conectada con nosotros y nos ama tanto. Jesús es una persona con una personalidad real y puedes conocerlo a través de su palabra, oración y aprender a escuchar su voz. Él quiere estar involucrado en cada parte de nuestras vidas. La Biblia nos dice que "Orad sin cesar". El Espíritu Santo no se ofendió cuando le pedimos que nos ayude a encontrar las llaves del coche, pero esperemos que es no es la única vez lo incluyen en nuestras vidas. Con la práctica, podemos estar seguros de su voz y podemos vivir una vida de Espíritu Santo conducido sin aparecer escamosa a otros.

Me parece que mi vida cambió cuando el panorama de la vida comenzó a ser real para mí. Cuando empecé a ver que esta vida va a ser juzgado y que alguien es realizar un seguimiento de lo que pasa en mi vida. Quiero ganar la carrera.Quiero terminar bien. Así, al sostener a los conceptos básicos son los siguientes:

1. no vemos claramente el panorama. Hay verdaderamente más cosas en esta vida que conoce el ojo y para tener éxito, necesito confiar en aquel que todo lo ve.

2. la vida es más o menos un examen. Al final, que lo convierte en una prueba para mí no hay juicio. Habrá un día donde habré deseado que tenía más prospectiva para trabajar hacia la meta de pasar esa prueba y sale fuerte ese día.

3. oír la voz de Dios es algo que fuimos diseñados para hacer y tenemos que ser capaces de hacerlo para vivir bien. Voces nos están hablando todo el tiempo. No tiene que *optar por* una elección y no escuchar ninguna voz. Nuestras mentes recoge las voces de los demonios, nuestra naturaleza pecaminosa y quién sabe qué más, y entonces ellos interpretan las voces como pensamientos. Tenemos que aprender a discernir pensamientos acertadamente y despedirlos si no son de Dios.

Hay una diferencia entre lo que a través de la vida como un escape a través del fuego (1 Corintios 3:15) y caminar por la vida victoriosamente como quien gana un premio y gana una corona (1 Corintios 9:24-25). Ambas opciones son ofrecidas a usted en esta vida. Si aprendes a escuchar la voz de aquel que creó la raza humana y que comprende las trampas, seguramente será encaminado a ganar una corona.

Espero que usted tiene las herramientas ahora necesitas caminar con más confianza en el señor de la audiencia y que de hecho se encontrará Snatchproof.

Gracias por leer este libro. Si usted tiene una historia que te gustaría compartir acerca de cómo Dios ha hablado a usted, puede contactar con el autor en: WendySelvig@gmail.com